LAHN
BADENBURG
WETTENBERG
WETZLAR
SOLMS
GIEßEN
BRAUNFELS
MITTELHESSEN

Andrea Nesseldreher

FILMREIFE FERIEN AN DER LAHN

Lilly und Nikolas in Mittelhessen

Illustrationen von Corinna Jegelka

Biber & Butzemann

MIX
Paper from responsible sources
FSC® C126307
www.fsc.org

Klimaneutral
Druckprodukt
ClimatePartner.com/14701-2006-1001

Besuchen Sie uns im Internet auf www.biber-butzemann.de.

Hinweis: Ausstellungen in Museen wechseln und auch bei anderen Sehenswürdigkeiten gibt es regelmäßig Veränderungen, darum sind alle Angaben ohne Gewähr.

Für EGA, der immer an mich geglaubt hat.

Mein Dank gilt meiner Verlegerin Steffi Bieber-Geske, die unermüdlich für Verlag, Autoren und Illustratoren im Einsatz ist und immer ein offenes Ohr für die verrücktesten Ideen hat. Danke auch an all die fleißigen Helfer beim Biber & Butzemann-Verlag.
Ich danke meinen Testleserinnen Maren Bonacker und Daniela Gombel. Ein großes Dankeschön gebührt auch Ernst-Günter Ache fürs Radwege testen und Markus Mattzick für musikalischen Beistand bei „Pink ist für Prinzessinnen".
Der größte Applaus gebührt aber meiner Familie für ihre nie enden wollende Geduld mit einer schreibenden Ehefrau und Mama.

AN

Besuchen Sie uns im Internet auf Facebook unter www.facebook.com/biberundbutzemann.

Geschwister-Scholl-Str. 7
15566 Schöneiche

1. Auflage, 2021

Bibliografische Information der Deutschen Bibliothek
Die Deutsche Bibliothek verzeichnet diese Publikation in der Deutschen Nationalbibliografie; detaillierte bibliografische Daten sind im Internet unter http://dnb.ddb.de abrufbar.

Text: Andrea Nesseldreher
Illustrationen: Corinna Jegelka
Layout und Satz: Mike Hopf
Lektorat: Steffi Bieber-Geske, Juliane Jacobsen
Lektoratsassistenz: Kati Bieber, Martina Bieber, Anna Klesse, Josephine Matz, Michelle Stark
Korrektorat: Carola Jürchott
Druck- und Bindearbeiten: Poligrafia Janusz Nowak sp. z o.o.
ISBN: 978-3-95916-068-1

INHALT

1.

SOMMERFERIEN OHNE ELTERN

„Mama, da möchte ich unbedingt mitfahren! Darf ich?“ Nikolas stürmte zur Haustür herein und ließ seine Sporttasche fallen.
„Langsam, Nikolas!“, beruhigte Mama. „Mitfahren? Wohin denn? Worum geht es überhaupt?“
„Der Sportverein veranstaltet eine Freizeit in den Sommerferien.“ Nikolas zog einen Zettel aus seiner Hosentasche und las vor. „Komm mit auf Entdeckungsreise an die Lahn. Wir erkunden Mittelhessen auf dem Rad und mit dem Kanu.“ Nikolas gab Mama den Zettel. „Das wird bestimmt total cool. Wir übernachten da sogar in Tipis!“
Während Mama las, öffnete sich die Haustür ein zweites Mal. Papa und Lilly, Nikolas’ jüngere Schwester, kamen herein. Papa hatte sie vom Tanztraining abgeholt. Die Tanzgruppe gehörte zum selben Verein wie Nikolas’ Handballmannschaft.
Papa sagte: „Ich möchte nicht ohne Mama entscheiden, ob du mitfahren darfst, Lilly. Wir reden später.“
„Habt ihr auch die Anmeldung für die Freizeit bekommen?“, wandte sich Nikolas an seine Schwester.
„Ja. Das klingt aufregend, oder? Ich will auf jeden Fall dabei sein!“, erklärte Lilly.
Nikolas verdrehte die Augen, sagte aber nichts. Insgeheim hatte er gehofft, ein paar Tage ohne seine kleine Schwester verbringen zu können.

Beim Abendessen fragte Nikolas erneut: „Also, was ist nun? Dürfen wir mit auf die Freizeit fahren?"

Mama und Papa sahen sich an. „Das wäre euer erster Urlaub alleine, ohne uns", gab Papa zu bedenken.

„Das ist doch nicht schlimm. Theo und Claudius fahren doch mit", entgegnete Nikolas. Die beiden Männer trainierten die Handballmannschaft.

„Und Geli und Birte!", ergänzte Lilly. Geli war die Trainerin der Tanzgruppe und Birte die gute Seele des Vereins.

„Ich finde, zumindest du, Lilly, bist noch zu jung dafür", fand Mama.

Lilly stemmte empört die Hände in die Hüften. „Das stimmt überhaupt nicht. Im Herbst werde ich elf. Für alles bin ich alt genug: zum Mülleimer-Rausbringen und Spülmaschine-Ausräumen und Unkraut-Jäten. Warum bin ich dann nicht alt genug für eine Ferienfreizeit?", schimpfte sie.

Papa konnte ein Schmunzeln nicht unterdrücken. „Tja, unsere kleine Prinzessin wird wohl langsam groß."

Mama war noch nicht überzeugt. „Da wird jeden Tag eine ganz schön lange Strecke geradelt oder gepaddelt. Schaffst du das, Lilly? Und ihr übernachtet teilweise in Zelten. Hast du keine Angst?"

Lilly schüttelte den Kopf. „Nee, hab ich nicht. Und außerdem ist ja Nikolas dabei." Sie stupste ihren Bruder in die Seite. Nikolas seufzte, dann nickte er. Wenn die Bedingung für seine eigene Teilnahme war, dass er auf seine Schwester aufpasste, wäre er einverstanden.

„Und beim Radfahren habe ich echt Kondition bekommen. Bitte, Mama, ich möchte so gern mitfahren." Lilly schenkte ihrer Mutter ihren unwiderstehlichsten Welpen-Blick. Mama sah nicht mehr ganz so skeptisch aus, wollte es aber noch einmal überschlafen.

Am nächsten Morgen verkündete sie den Geschwistern, dass sie an der Freizeit teilnehmen dürften. Die Anmeldungen hatte sie schon ausgefüllt. Lilly und Nikolas brachen in Jubelgeschrei aus.

An einem sonnigen Julimorgen war es dann soweit. Mama brachte Lilly und Nikolas zum Bahnhof. Nikolas stand gleich inmitten seiner Mannschaftskameraden Berat, Leo, Julian und Hannes. Lilly schwatzte aufgeregt mit Kirsten, Luisa, Meryem, Mia und Johanna. Nur Finja, die neu in der Tanzgruppe war und noch keinen Anschluss gefunden hatte, stand etwas abseits.

Mama seufzte zum wiederholten Mal. Es fiel ihr nicht leicht, ihre Tochter allein auf große Fahrt gehen zu lassen.

Claudius und Birte kontrollierten, ob alle da waren. Theo gab lautstark Anweisungen, und über allem lag Gelis unverwechselbares Lachen, das genauso auffällig war wie ihre pinkfarbenen Leggings.
„Auf Gleis 13 fährt ein: ICE 1191 nach Frankfurt am Main, über Kassel-Wilhelmshöhe“, tönte es aus dem Lautsprecher.
„Das ist unser Zug!“, rief Theo. In Kassel-Wilhelmshöhe würden sie in den Regionalexpress nach Marburg umsteigen. Alle wuselten durcheinander, schnappten sich ihr Gepäck und verabschiedeten sich von den Eltern. Mama drückte zuerst Nikolas. „Mach's gut, mein Großer. Pass auf dich und Lilly auf. Und schick uns Fotos.“ Nikolas nickte.
Dann umarmte Mama Lilly. „Mein kleines Mädchen geht auf Abenteuerreise“, flüsterte sie ihr ins Ohr. „Ich wünsche dir eine wunderbare Zeit.“ Mama drückte Lilly eine kleine Schachtel in die Hand.

Lilly blickte sie verwundert an. „Was ist das?“
„Da drin sind kleine Zettel, mit guten Gedanken für dich. Wenn du Heimweh hast oder traurig bist, dann lies zum Trost einen davon“, erklärte Mama.
Lilly gab Mama einen Kuss. „Danke, du bist die Beste!“
Der Zug fuhr ein, und die Kinder und Betreuer kletterten schwer bepackt ins Abteil. Während der Fahrt verspeisten sie Birtes selbstgebackene Muffins, alberten herum, lösten Rätselaufgaben und sangen Lieder.
Claudius erzählte, was sie auf der Tour an der Lahn entlang alles vorhatten und zitierte seinen Lieblingsdichter: „Wie sagte schon Goethe? ‚Die beste Bildung findet ein gescheiter Mensch auf Reisen.‘“
„Goethe?“
„Johann Wolfgang von Goethe, Deutschlands berühmtester Dichter. Von dem werdet ihr noch hören.“
„Nächster Halt: Marburg“, verkündete da die Stimme aus dem Lautsprecher des Zugabteils. „Hier müssen wir aussteigen!“, rief Geli.
Sofort schnappten alle hektisch ihr Gepäck und drängten zum Ausgang. Lilly kämpfte mit Rucksack, Tasche und Schlafsack, aber schließlich standen alle wohlbehalten auf dem Bahnsteig.
Theo zählte durch. „... zehn, elf, zwölf. Jawoll, alle da! Dann kommt mit. Wir wohnen direkt hier am Bahnhof.“
Sie marschierten hinter Theo durch die Bahnhofshalle nach draußen und am historischen Bahnhofsgebäude entlang. Es war mit einem imposanten Treppengiebel und großen Fenstern ausgestattet. „Hier drin ist auch unser Hostel“, rief Birte.

Sie traten durch einen Seiteneingang und wurden von einer Mitarbeiterin freundlich begrüßt, die ihnen ihre Zimmer zeigte.
Theo gab abermals Anweisungen. „Bringt bitte euer Gepäck in die Zimmer, aber denkt dran, wir sind nur eine Nacht hier, also nicht alles auspacken. In einer halben Stunde treffen wir uns draußen und schauen uns die Stadt an."
Die Jungs bezogen als Erste ihr Zimmer. Es gab drei Doppelstockbetten. Im anderen Zimmer gab es auch sechs Betten. „Wir sind aber sieben Mädchen!", rief Luisa.
Geli nickte. „Ja, das geht nicht auf mit den Betten, eine von euch muss heute mit zu Birte und mir ins Zimmer, wir haben drei Betten. Jo, am besten schläfst du bei uns."
Gelis Tochter Johanna, genannt Jo, klammerte sich sofort an ihre Freundin Kirsten und rief empört: „Nein, ich will mit den anderen in ein Zimmer."
Auch Lilly, Meryem, Luisa und Mia nickten energisch. Übrig blieb Finja, die „Neue". Sie machte ein bekümmertes Gesicht.
„Das ist nicht schön, dass ihr Finja so außen vor lasst!", mahnte Geli.
„Schon in Ordnung", sagte Finja leise und bezog das dritte Bett im Zimmer von Geli und Birte.
Nachdem sich alle draußen versammelt hatten, erklärte Claudius: „Wir werden uns jetzt die Stadt ansehen und uns mit zwei berühmten Bewohnern von Marburg beschäftigen. Ihr kennt sie alle. Sie haben im 19. Jahrhundert gelebt und Märchen aufgeschrieben. Wer hat eine Idee, wer das sein könnte?"
„Hans Christian Andersen?", schlug Meryem vor.

Birte schüttelte den Kopf. „Das ist auch ein berühmter Märchenerzähler, aber er hat nicht in Deutschland, sondern in Dänemark gelebt."
„Und außerdem war er nur eine Person, wir suchen doch zwei!", rief Berat dazwischen. Die anderen kicherten, und Meryem streckte ihm die Zunge heraus.
Lilly erinnerte sich an die Märchen, die Mama und Papa ihr früher vorgelesen hatten, und fragte: „Vielleicht die Brüder Grimm?"
„Richtig, Lilly", lobte Claudius. „Jakob und Wilhelm Grimm haben in Marburg studiert. Später haben sie die Märchen gesammelt, die ihr alle kennt: Rotkäppchen, Schneewittchen, Hänsel und Gretel. Märchen wurden früher durch Erzählen weitergegeben. Die Grimms waren die Ersten, die sie aufschrieben, sodass wir sie heute noch lesen können. Man sagt, dass Marburgs märchenhafte Kulisse sie zur Sammlung der Kinder- und Hausmärchen inspiriert hat. Wir folgen jetzt auf dem *Grimm-Dich-Pfad* ihren Spuren." Er schwenkte einen Flyer mit einem Stadtplan.
Die Kinder sahen sich um. Noch war wenig Märchenhaftes zu entdecken, nur ein Busbahnhof und eine stark befahrene Straße. Aber nach etwa zehn Minuten Fußmarsch sahen sie erste Fachwerkhäuser.
„Fachwerkhäuser bestehen aus Holzbalken, deren Zwischenräume ausgemauert oder mit Lehm ausgefüllt sind. Man findet sie überall in Mittelhessen", erklärte Birte.
Sie passierten eine große Kirche mit zwei spitzen Türmen. Birte blätterte im Reiseführer und erklärte dann: „Das ist die *Elisabethkirche*, die älteste gotische Hallenkirche Deutschlands. Sie wurde über dem Grab der heiligen Elisabeth erbaut."

Claudius ergänzte: „Ihr könnt anhand der Fenster erkennen, ob eine Kirche gotisch ist. Sie haben dann nämlich einen Spitzbogen, also einen Bogen, der oben spitz und nicht rund ist."
Erst jetzt bemerkten die Kinder, dass tatsächlich alle Fenster und auch die Tür in einem spitzen Bogen endeten.
„Und wer war die heilige Elisabeth?", fragte Meryem.
Auch das wusste Claudius. „Elisabeth von Thüringen war eine Prinzessin. Sie hat viel Gutes getan und armen und kranken Menschen geholfen. Ihren Reichtum verteilte sie an Bedürftige, und in Marburg gründete sie ein Hospital. Später wurde sie heilig gesprochen. Manche Christen glauben, dass sie Gott besonders nah war, und verehren sie deshalb."
Sie setzten ihren Weg zur ersten Station des *Grimm-Dich-Pfades* im Alten Botanischen Garten fort. „Wir suchen den Fisch vom Fischer und seiner Frau", verkündete Geli nach einem Blick auf den Flyer.
Der Fisch war schnell gefunden, denn die Skulptur war mindestens so groß wie ein Mensch und schwamm in einem kleinen Teich inmitten des Gartens. Daneben stand noch eine Bronzefigur von einem Jungen mit einem Fisch. Nikolas kramte seine Kamera heraus und schoss

ein Bild von Lilly und der Statue. Schließlich hatte er den Eltern versprochen, auf der Reise viele Bilder zu machen.

„Wer kennt denn das Märchen vom Fischer und seiner Frau?“, fragte Theo.

Berat, Mia, Lilly und Nikolas meldeten sich.
„Manntje, Manntje, Timpe Te, Buutje, Buttje inne See, myne Fru, de Ilsebill will nich so as ik wol will“, sagte Mia kichernd.
Theo nickte. „Genau! Und denkt einmal an die heilige Elisabeth zurück. Die Frau des Fischers war genau das Gegenteil, die wollte immer mehr Reichtum. Aber am Ende saß sie wieder in ihrer armseligen Fischerhütte.“
Sie verließen gemeinsam den Botanischen Garten, um in der Altstadt nach weiteren Märchen-Skulpturen zu suchen. Als sie eine Straße überqueren wollten, fuhr direkt vor ihnen mit hoher Geschwindigkeit eine pinkfarbene Stretchlimousine mit schwarz getönten Scheiben vorbei. Die Kinder blickten dem Auto staunend hinterher.
„Boah, was für ‚ne Karre!“, rief Julian bewundernd.
„Ja, bis auf die Farbe“, meinte Hannes abschätzig.
„Ich finde die Farbe cool!“, rief Luisa.
„Ich auch“, bestätigte Geli und deutete grinsend auf ihre pinken Leggings. Sie hatte eine Vorliebe für schrillbunte Kleidung.
„Wieviel PS die wohl hat?“, fragte Nikolas.
„Und wer da wohl drin sitzt?“, überlegte Lilly. „Vielleicht eine Schauspielerin oder Sängerin?“
„Ja, wahrscheinlich lässt sich irgend ’ne reiche Tussi durch die Gegend kutschieren“, meinte Leo.

2.

ENTFÜHRER AUF DER BADENBURG?

Während sie noch ein Weilchen über den möglichen Fahrgast der Limousine grübelten, folgten sie weiter dem *Grimm-Dich-Pfad*. Die nächsten Stationen waren leicht aufzuspüren. An einer Wand entdeckten sie die Büsten vom Wolf und den sieben Geißlein, auf einer alten Mauer eine Skulptur des Froschkönigs. Der Weg führte zwischen Fachwerkhäusern vorbei an Rotkäppchens Korb und Schneewittchens Spiegel. Auf einer LED-Wand konnte man Sterntalers Sterne fallen sehen, und um Aschenputtels Schuh zu sehen, erklommen sie die steilen Gassen und Treppen der Marburger Altstadt hinauf bis zum Schloss.

Die Kinder stöhnten. Der sportliche Theo war der Einzige, der nicht atemlos oben ankam. Der Ausblick von der Schlossmauer belohnte aber alle für die Anstrengung. Unter ihnen lagen Kirchtürme, Dächer dicht an dicht und Dutzende Treppen.

Nikolas zückte begeistert seine Handykamera und knipste. Lilly dagegen hatte eine ganz andere Kamera entdeckt. Abseits der Gruppe hatte sie ein kleines Holzhäuschen am Rande der Aussichtsterrasse betreten. „*Camera Obscura*" stand über dem Eingang.

Drinnen war es stockdunkel, aber auf einer runden Tischplatte war

ein Bild des *Marburger Schlosses* und seiner Umgebung zu sehen. Während sie um die Platte herumging, bemerkte Lilly, dass das Bild sich bewegte. Sie konnte Nikolas, Leo, Mia, Luisa und Birte erkennen, die die schöne Aussicht genossen.

Wie war das möglich? Wurde dort ein Video abgespielt? Sie sah sich um, konnte aber nur ein Loch in der Decke des Häuschens erkennen, durch das ein Lichtstrahl auf die Tischplatte fiel.

Sie ging wieder nach draußen, um die anderen zu rufen. Gemeinsam bestaunten alle das bewegte Bild, während Theo die Infotafel studierte. Anschließend erklärte er: „Die Camera Obscura – auf Deutsch: ‚dunkle Kammer' – war die erste Möglichkeit einer optischen Abbildung. Ein Spiegel und eine Linse fangen Lichtstrahlen ein, die draußen von Gegenständen und Menschen reflektiert werden, und lenken sie durch das Loch dort oben auf

diesen Tisch hier. Entdeckt hat man das schon rund 300 Jahre vor Christus."

„Was, schon vor so langer Zeit?", rief Julian ungläubig.

„Ja, auch vor so langer Zeit gab es schon kluge Menschen. Aristoteles, ein berühmter griechischer Philosoph, hat schon davon berichtet. Mit solch einer Camera Obscura konnte man natürlich keine Fotos machen, so wie du, Nikolas, aber man konnte das projizierte Bild abzeichnen oder heimlich Menschen beobachten."

In diesem Moment konnten sie auf der Tischplatte sehen, wie die rosa Limousine, die sie zuvor gesehen hatten, über den Schlosshof fuhr. Eine Traube kreischender Teenies rannte hinterher. Sie hatten ihre Handys gezückt und fotografierten.

„Sieh mal, Lilly, da ist deine Schauspielerin wieder", zog Nikolas seine Schwester auf. Die Limousine verschwand aus dem Sichtfeld der Camera Obscura.

Meryem riss die Tür auf. Der Pulk von Jugendlichen folgte dem rosa Wagen noch immer.

„Stehen bleiben!" „Ich will ein Autogramm!" „Ein Selfie, bitte, nur eines!", erscholl es vielfach.

„Da MUSS ein Prominenter im Auto sein. Los, wir fragen die mal", schlug Luisa vor. Doch bevor sie jemanden erreichen konnte, waren Limousine und Verfolger bereits verschwunden.

Aufgeregt diskutierten die Kinder, wer wohl im Wagen gesessen hatte. Dann machten sie sich an den Abstieg vom *Schlossberg*.

Dabei kamen sie noch am Knusperhäuschen, einem mit Lebkuchen verzierten Fachwerkhaus, vorbei. Der *Grimm-Dich-Pfad* endete am Wohnhaus von Jakob Grimm in der *Barfüßerstraße*.

„Warum heißt die Straße so? Sind hier früher alle barfuß gelaufen?", wunderte sich Lilly.

„Nicht ganz, Lilly, aber es gab im Mittelalter Mönche, die sich Barfüßer nannten. Sie lebten in Armut, und als Zeichen dafür trugen sie keine Schuhe", erklärte Claudius.

Berat und Nikolas zogen daraufhin ihre Turnschuhe aus und rannten den Mädchen hinterher. „Wir sind auch Barfüßer. Wollt ihr mal riechen?!"

„Igitt!", riefen Meryem und Lilly. Luisa und Jo stoben kreischend auseinander.

„Berat hat Käsefüße!", rief Mia.

Selbst Finja, die bisher nicht viel gesagt hatte, musste grinsen.

„Apropos Käse!", rief Birte. „Wir holen uns jetzt etwas zum Abendessen und machen uns auf den Rückweg. Morgen wollen wir für unsere erste Fahrradetappe schließlich gestärkt und ausgeschlafen sein."

Bei einem Bäcker versorgten sie sich mit Gebäck und Getränken, schleckten ein Eis und kehrten zurück ins Hostel. Für den Abstieg aus der Altstadt benutzten sie den *Oberstadt-Aufzug*.

„Das hätten wir früher wissen sollen, ich wäre lieber hoch als runter mit dem Aufzug gefahren“, brummte Nikolas.
Vor dem Schlafengehen schwatzten und kicherten die Mädchen noch lange und grübelten, welche Berühmtheit in der rosa Limousine durch Marburg chauffiert worden war. Lilly dachte dabei an Finja, die im anderen Zimmer schlief, und überlegte, ob sie traurig war.
Der nächste Morgen begrüßte sie mit sonnigem Wetter. Nach dem Frühstück packten alle und trafen sich vor der Tür des Hostels. Dort stand ein Bus mit einem Anhänger voller gemieteter Fahrräder. Ein junger Mann verteilte die Räder und passende Leihhelme. Dann lud er das Gepäck in den Bus, um es zur Jugendherberge nach Gießen, dem Ziel ihrer heutigen Etappe, zu bringen.
Theo gab das Signal zum Aufbruch. Sie fuhren ein Stückchen an der Hauptstraße entlang und erreichten den Radweg, der den größten Teil der Strecke direkt an einem Fluss entlangführte.

„Das ist die Lahn!“, rief Claudius. „Macht euch schon mal mit ihr vertraut, denn das ist auch der Fluss, auf dem wir später noch paddeln werden.“
Die weitere Strecke führte sie über Felder und durch kleine Ortschaften, aber fast immer blieb die Lahn in Sichtweite. Theo führte wie immer die Gruppe an und gab ein Zeichen zum Anhalten an der Ruine der *Badenburg*. Direkt neben dem Lahnufer ragte die Fassade aus Bruchsteinen auf, durch viele Fenster konnte man den Himmel sehen.
„Puh, ich kann nicht mehr, ist es noch weit?“, stöhnte Meryem.
„Nein, wir sind schon fast da“, beruhigte Birte sie. „Die *Badenburg* gehört schon zu Gießen.“
Im romantischen Biergarten der Burggaststätte gönnten sich alle ein kühles Getränk.
Claudius’ nächster Dichterspruch ließ nicht lange auf sich warten. „Hier bin ich Mensch, hier darf ich’s sein“, jubilierte er.
„Goethe?“, fragte Berat, und Claudius nickte grinsend.
Birte hatte ein Schild neben dem Eingang zur Gaststätte gelesen. „Die Burg wurde im 14. Jahrhundert erbaut und verfiel nach dem 30-jährigen Krieg, also im 17. Jahrhundert. 1760 wurde sie ein Wirtshaus und 1975 hat man im Ritterkeller ein Restaurant eingerichtet“, erklärte sie.
Claudius fuhr fort: „Gestern haben wir in Marburg von den Brüdern Grimm gehört. Hier an der *Badenburg* wurde auch ein berühmtes Schriftstück verfasst, und zwar von dem Schriftsteller Georg Büchner im Jahr 1834. Er hat Bücher und Theaterstücke geschrieben und war auch politisch engagiert. Er wuchs in einem reichen Elternhaus auf,

aber er fand es nicht gut, dass viele Menschen arm waren und nicht genug zu essen hatten. Deshalb schrieb Georg Büchner ein Flugblatt, eine Art Zeitung, in der er den armen Bauern empfahl, sich gegen die Regierung, die viel zu hohe Steuern verlangte, zu wehren, um nicht länger hungern zu müssen. Dafür wäre er beinahe ins Gefängnis gekommen, denn man durfte damals seine Meinung nicht frei sagen. Dieses Flugblatt, den ‚Hessischen Landboten', hat er hier in der *Badenburg* geschrieben."

„Im Biergarten?", fragte Hannes.

„Nee, du Quatschkopf, den gab es doch damals noch nicht!", wies ihn Jo zurecht. „Wohl eher im Ritterkeller!"

„Los, kommt, lasst uns die Burg ein bisschen erkunden." Die Kinder sprangen auf und stromerten über das Gelände. Da gab es Kanonen zu entdecken, eine kleine Lok und ein paar alte landwirtschaftliche Geräte. Während die Jungs am Ufer der Lahn entlangstreiften, das nur wenige Meter entfernt lag, erkundeten die Mädchen die Burg. Lilly, Kirsten und Jo schlichen an der Mauer entlang zur Tür des Ritterkellers. Das klang doch zu interessant. Leider war die Tür verschlossen, aber das Fenster nebenan war nur angelehnt, und man hörte Stimmen. Geduckt blieben die drei unter dem Fensterrahmen stehen.

„... und wenn wir sie in unserer Gewalt haben, dann soll sie schmachten, im Verlies!", sagte drinnen eine tiefe Männerstimme.

„Bei Wasser und Brot!", grölte ein anderer Mann.

„Sie soll uns wohl ein stolzes Lösegeld einbringen", sagte der Erste.

Eine dritte Stimme rief dazwischen: „Ich bin gespannt, was dem Vater das holde Töchterlein wert ist."

Gelächter ertönte, viele Männerstimmen johlten und es wurde geklatscht.
Erschrocken sahen die Mädchen einander an. Was ging dort drin vor sich?
„Die planen eine Entführung!“, keuchte Jo.
„Sie wollen Lösegeld für ein Mädchen erpressen. Was machen wir denn jetzt?“, flüsterte Lilly.
„Wir rufen die Polizei“, schlug Kirsten vor.
„Lasst uns zuerst einem Betreuer Bescheid sagen“, sagte Lilly. Sie sahen sich um, und Claudius war der Erste, der ihnen begegnete. Aufgeregt berichteten die Mädchen ihm, was sie gehört hatten.
Claudius runzelte die Stirn. „Männer haben eine Entführung geplant? Das habt ihr gehört? Am helllichten Tag?“
„Komm doch mit, wenn du uns nicht glaubst“, beharrte Lilly.
Claudius folgte ihnen bereitwillig zum offenen Fenster des Ritterkellers und lauschte.
Von drinnen hörte man nur belanglose Sätze: „Sind wir fertig? Dann packen wir jetzt zusammen und fahren weiter nach Wettenberg.“
„Ja, Petra hat einen Tisch fürs Mittagessen bestellt.“
„Habt ihr an einen Salat für Cora gedacht?“
„Klar, ich habe extra nachgefragt.“
„Gut, dann sehen wir uns später.“
Claudius drehte sich zu den Mädchen um. „Ich kann nichts Verdächtiges hören, Mädels.“
Im selben Moment ging die Tür des Ritterkellers auf, und ein junger Mann mit langen, dunklen Haaren und einem Bart trat heraus. Über

einem Arm trug er Kleidersäcke und in der anderen Hand einen Koffer. Er grüßte freundlich, verstaute die Sachen in einem Van auf dem Parkplatz und fuhr davon.
„Aber die haben eben wirklich über eine Entführung geredet!“, rief Lilly trotzig.
„Bestimmt haben die nur Spaß gemacht“, meinte Claudius. „Aber wenn ihr möchtet, frage ich noch mal im Restaurant nach, was das für Leute sind.“
Sie gingen zurück auf die Terrasse des Biergartens. Zwei Kellner waren dabei, Gläser und Flaschen abzuräumen. Claudius erkundigte sich nach den Personen im Ritterkeller. Die beiden Kellner sahen einander kurz an. Lilly glaubte, ein verschwörerisches Augenzwinkern zu erkennen, war sich aber nicht sicher. Ein Kellner lächelte entwaffnend: „Im Ritterkeller war nur eine Reisegruppe. Denen war es draußen zu sonnig, deshalb haben sie sich nach drinnen gesetzt.“
Claudius nickte zufrieden. „Da habt ihr es, alles ganz harmlos.“
Nikolas, Leo und Berat waren vom Lahnufer zurückgekehrt.
„Was ist harmlos?“, fragte Nikolas.
„Ach, Lilly glaubt, im Ritterkeller hätte sich eine Bande von Entführern niedergelassen“, erklärte Claudius.
„Spielst du wieder Detektivin, kleine Schwester?“, sagte Nikolas grinsend, denn das tat Lilly allzu gern.
„Wir haben es aber gehört!“ Lilly bestand eigensinnig auf ihrer Entdeckung, ließ sich aber murrend zur Weiterfahrt überreden.

3.

MATHE MACHT SPAß

Die letzte Etappe dieses Tages legten sie in einer knappen halben Stunde zurück und erreichten zum Mittagessen ihre Unterkunft in Gießen. Nach dem Essen machte sich die Gruppe zu Fuß auf den Weg, um die Stadt kennenzulernen. Während in Marburg enge, steile Gassen und Fachwerkhäuser das Bild geprägt hatten, war in der Gießener Ebene wenig historisches Flair zu spüren.

„In Gießen wurden im Zweiten Weltkrieg viele historische Gebäude zerstört“, erklärte Birte. „Deshalb ist es hier nicht so idyllisch wie in Marburg, aber wir haben etwas Spannendes mit euch vor.“

Als sie wieder das vertraute Lahnufer erreicht hatten, verkündete Theo: „Jetzt werden wir abtauchen. Wir sehen uns den Fluss unter Wasser an.“

„Was, unter Wasser? Ich hab gar kein Handtuch dabei!“, beschwerte sich Kirsten.

„Ich auch nicht!“, riefen viele andere.

Theo lachte und führte sie zu einem Pavillon direkt am Flussufer. Über eine Terrasse betraten sie das Gebäude, und eine Treppe führte sie nach unten. Im Untergeschoss fanden sie sich in einem Raum wieder, der unterhalb der Wasseroberfläche lag, aber Fenster nach draußen hatte – ein Ausblick direkt in die Lahn hinein. „Darf ich vorstellen? Das *Lahnfenster*!“ Theo verbeugte sich schelmisch.

„Einzigartig in Hessen!“
Draußen, im trüben Wasser der Lahn, brach sich das Sonnenlicht an der Wasseroberfläche, und ein Schwarm winzig kleiner Fischchen schwamm vorbei.

Birte hatte sich auf einer Tafel informiert und erklärte: „Neben dem *Lahnfenster* gibt es eine Fischaufstiegsanlage, eine Art Treppe im Fluss, damit die Fische zum Laichen flussaufwärts gelangen können. Im Moment gibt es viele Jungfische, die halten sich gerne hier auf, weil das Ufer ihnen Schutz bietet.“

„Da, ein Riesenfisch!“ rief Nikolas plötzlich. Am Fenster schwamm ein Fisch von gut einem halben Meter Länge vorbei.

„Er hat ganz rote Augen. Was ist das wohl für einer?“

Lilly schnappte sich eine der ausliegenden Broschüren, Fischpass genannt, und hielt sie so, dass alle sie sehen konnten. Die Kinder verglichen die Bilder mit dem Fisch und waren sich einig, dass es sich wohl um ein Rotauge handeln musste.

„Ich esse gerne Fisch“, sagte Leo. „Ich hab sogar schon selbst geangelt.“

„Ich mag nur Fischstäbchen“, entgegnete Meryem.

„Schwimmen die hier auch vorbei?“, alberte Berat.

„Der leckerste Fisch ist immer noch der Schnitzel!“, rief Hannes dazwischen. Die anderen gackerten.

Weil sich in der albernen Stimmung keines der Kinder mehr für die Fische interessierte, gab Theo das Kommando zum Abmarsch in die Stadt. Sie erreichten nach einem kurzen Fußweg einen großen freien Platz in der Innenstadt, auf dem ein einzelner hoher Turm stand. Birte verschwand im nahe gelegenen *Wallenfels'schen Haus,* einem Teil des *Oberhessischen Museums,* und kehrte mit einem Schlüssel zurück.

„Eben haben wir Gießen von ganz unten gesehen, und jetzt schauen wir uns die Stadt von oben an. Dazu habe ich den Schlüssel für den *Stadtkirchenturm* ausgeliehen. Das ist sogar kostenlos, genau wie das *Lahnfenster.*"

Der Schlüssel öffnete eine Tür am Fuße des Turms, und dort führte eine steile Wendeltreppe vorbei an mehreren Glocken bis in die Turmstube. Vom umlaufenden Balkon hatte man eine wunderbare Aussicht über die Umgebung und die Stadt. In der Nähe lag das *Alte Gießener Schloss,* ringsum erhoben sich bewaldete Hügel. Von oben konnte man nun erkennen, dass auf dem Platz am Fuße des Turmes mit dunklen Steinen die Umrisse eines Gebäudes markiert worden waren.

Claudius war wie immer, wenn es um Historisches ging, gut informiert. „Dieser Turm

hier ist der Glockenturm der ehemaligen St. Pankratiuskirche. Sie wurde im Krieg zerstört, nur der Turm blieb stehen, und um an die alte Kirche zu erinnern, hat man ihre Grundmauern dort markiert."
Anschließend dirigierte er alle zu einer anderen Seite des Balkons und deutete auf zwei Hügel, die jeweils eine Burg trugen. „Das sind die *Burgen Gleiberg und Vetzberg*. Den Gleiberg werden wir morgen auf dem Weg nach Wetzlar besuchen."
„Fahren wir morgen wieder so weit wie heute?", stöhnte Lilly. Sie war eine der jüngsten Teilnehmerinnen und hatte sich tüchtig anstrengen müssen, um mit den Großen mitzuhalten.
„Nein, morgen fahren wir etwa zwei Drittel von der Strecke heute, das waren 30 Kilometer. Wer rechnet aus, wie weit wir morgen fahren?", fragte Theo.
„Dann sind es morgen 20 Kilometer", sagte Nikolas wie aus der Pistole geschossen.
„Stimmt genau", freute sich Theo. „Beim Thema Mathe bleiben wir noch ein wenig. Wir werden gleich das *Mathematikum* besuchen. Ein Museum nur über Mathematik."
„Echt? Ich finde Mathe doof!", beschwerte sich Hannes.
„Ich mag Mathe", entgegnete Nikolas.
„Ich mag Mathe auch, aber Mathe mag mich nicht", seufzte Luisa.
„Ach, Unsinn. Das *Mathematikum* ist für alle spannend. Das Museum soll toll sein, ich hab schon viel davon gehört", meinte Geli.
Nachdem sie den Turm verlassen und den Schlüssel zurückgebracht hatten, machten sie sich durch eine belebte Einkaufsstraße auf den Weg. Trotz Navigationsapp war Theo nicht ganz sicher, ob sie richtig

gelaufen waren, und fragte deshalb eine Dame nach dem Weg.

„Da gehen Sie weiter hier den *Seltersweg* entlang, über das *Elefantenklo* und an der nächsten großen Kreuzung rechts in die *Liebigstraße*. An deren Ende liegt das *Mathematikum*." Die Dame grüßte und ging weiter.

„*Elefantenklo*?!" Lilly riss die Augen auf. „Was ist denn das?"

Leo wollte sich ausschütten vor Lachen. Auch die anderen kicherten.

Geli googelte den Begriff und verkündete: „So nennen die Gießener eine Fußgängerbrücke. Sie hat drei große Öffnungen, die an ein Plumpsklo erinnern. Deshalb der Spitzname *Elefantenklo*. Eigentlich heißt sie *Selterstor*. Die Brücke ist gleich da vorne, wir müssen sogar drüber gehen."

Das ließen sich die Kinder nicht zweimal sagen und waren im Nullkommanichts losgesprintet. Auch Lilly war nichts mehr von ihrer Müdigkeit anzumerken.

Als sie auf der Brücke standen und durch die Öffnungen auf den unten fließenden Verkehr starrten, sagte Nikolas: „Boah, ist das hässlich!"

„Aber für die Gießener ist es Kult!", verteidigte Geli die Aussicht.

„Genauso Kult wie deine Leggings, was?", spottete Julian, denn Geli trug heute eine neongelbe Variante.

Geli nahm ihm das nicht krumm. „Tja, so was kann eben nicht jeder tragen. Vielleicht sehen wir ja heute wieder eine farblich passende Limousine?“, scherzte sie.

Theo drängte zum Weitergehen, und nach wenigen Minuten standen sie vor einem Gebäude mit der Aufschrift „*Mathematikum*“.

„Und da drin gibts echt nur Mathe?“, fragte Hannes mit leidender Stimme.

„Ja, nur Mathe. Aber du wirst staunen, in welch alltäglichen Dingen Mathematik drin steckt“, prophezeite Theo. Er sollte recht behalten, denn bereits im Kassenraum des Museums vergaßen die Kinder ihre Vorbehalte und beschäftigten sich mit den ausliegenden Knobelspielen.

Als Geli sie in die Ausstellung scheuchte, fiel ihnen als Erstes eine merkwürdige Konstruktion ins Auge: Ein roter Ball wurde von einem kleinen Gebläse konstant in der Luft gehalten. Er schwankte, fiel jedoch nicht herunter.

„Zauberei!“, rief Lilly.

„Mathematik!“, entgegnete Theo und erklärte: „Hier seht ihr den Bernoulli-Effekt, auch Sogwirkung genannt. Je schneller die Luft strömt, desto niedriger ist der Luftdruck an dieser Stelle. In der Mitte des Luftstroms aus dem Gebläse wird der Ball also gleichzeitig angezogen und weggepustet. Deshalb schwebt er. Der Bernoulli-Effekt sorgt auch dafür, dass Flugzeuge fliegen können.“

Nicht weit vom schwebenden Ball entfernt, entdeckten die Kinder die Riesen-Seifenblase. Lilly stellte sich als Erste auf eine Plattform, die von einer Rinne umgeben war. Darin befand sich Seifenflüssigkeit,

und mittels eines Ringes, den sie mit einem Seil nach oben zog, schaffte Lilly es, um sich herum eine riesige Seifenblase entstehen zu lassen.
„Klasse!“, rief Nikolas und schoss ein Foto von Lilly in der Seifenblase. Die Blase zerplatzte, und die anderen probierten es nun auch. Danach verteilte sich die Gruppe auf die drei Stockwerke, in denen vielfältige Exponate zum Mitmachen einluden.
Nikolas schoss ein weiteres Foto von Lilly im Spiegeltrichter. Ihr Kopf steckte in einer Öffnung zwischen fünf trichterförmig angeordneten Spiegeln und spiegelte sich von allen Seiten. Beide Fotos schickte er an Mama und Papa. Die sollten schließlich wissen, welchen Spaß sie hier hatten.

Lilly beschäftigte sich noch weiter mit Seifenblasen. Tauchte man quader- oder pyramidenförmige Drahtgestelle in Seifenlösung, bildeten sich in ihrem Inneren die erstaunlichsten Formen aus Seifenhaut.
Meryem versuchte derweil, kleine Holzscheiben so auf einer rotierenden runden Platte zu platzieren, dass sie von der Fliehkraft nicht gleich wieder heruntergeschleudert wurden.

Julian und Hannes entschlüsselten an einem Computerbildschirm einen Text mittels eines Buchstabencodes. Kirsten und Jo probierten, ob eine Kugel schneller auf einer langen gebogenen oder einer kurzen geraden Bahn nach unten rollte. Finja und Claudius experimentierten mit dem Monochord, einem Instrument mit nur einer Saite. Leo und Berat waren vollkommen vertieft darin, aus allerlei Zahnrädern ein Getriebe zu bauen. Nikolas hatte sich ein Experiment mit Magneten ausgesucht. Luisa, Geli und Birte betrachteten fasziniert optische Täuschungen. Mia versuchte, die binäre Uhr zu verstehen.

Zur vollen Stunde trommelte Theo die Gruppe im Dachgeschoss zusammen. Dort konnte man jede halbe Stunde die große Kugelbahn in Aktion erleben. In der riesigen Anlage an der Decke rollten ständig Kugeln auf immer neuen Wegen mal schnell und mal langsam über die verschiedensten Bahnen nach unten. Fasziniert beobachteten alle das Schauspiel.

„Habt ihr noch Lust auf ein gemeinsames Experiment?“, fragte Claudius anschließend. Die Kinder nickten und folgten ihm zu einem Tisch, auf dem viele schmale, etwa 30 Zentimeter lange Hölzer lagen. „Aus diesen Hölzern sollen wir eine stabile Brücke bauen. Ohne Nägel, Schrauben oder Kleber“, erklärte Claudius die Aufgabe.

„Wie soll das denn gehen?“, rief Berat ratlos.
„Das kann doch gar nicht sein!“, bekräftigte Jo.
Claudius zeigte ihnen ein Foto. „So sieht die fertige Brücke aus. Leonardo da Vinci hat im 15. Jahrhundert eine solche Brücke gebaut. Wenn wir uns an dem Bild orientieren, schaffen wir das auch!“
„Na, dann los!“, rief Nikolas und schnappte sich die beiden ersten Hölzer. Lilly fügte zwei hinzu, und die anderen taten es ihnen nach. Nach einer Weile hatten sie den Bogen raus und wussten genau, wie man mit viel Fingerspitzengefühl die Hölzer zusammensetzen musste. Es entstand tatsächlich eine stabile, bogenförmige Konstruktion, die Leonardo-Brücke. Die Kinder betrachteten stolz ihr gemeinsames Werk.

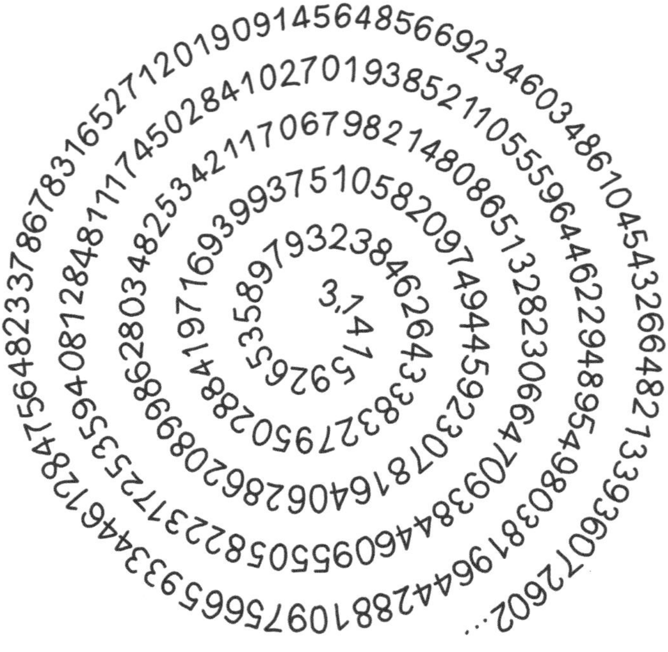

„Das habt ihr toll gemacht!" Claudius war begeistert.
„Ihr seid ein echt gutes Team, weiter so!", sagte Birte bewundernd.
Zum Abschluss ließen sie sich noch vor der Kreiszahl Pi fotografieren. Sie war mit 30.000 ihrer unendlich vielen Nachkommastellen spiralförmig auf einer Wand abgebildet. Anschließend kehrten sie zur Unterkunft zurück.
Nach dem Abendessen hatte keiner mehr Lust auf Gesellschaftsspiele oder Tischtennis, und so fand der Tag ein frühes Ende. Die Mädchen hatten diesmal ein Zimmer mit acht Betten, sodass auch Finja Platz hatte. Während sich Mia, Jo, Kirsten, Meryem und Luisa kichernd unterhielten, saß Finja still auf ihrem Bett und blickte traurig auf ihr Handy. Lilly setzte sich zu ihr.
„Alles in Ordnung? Hast du eine schlechte Nachricht bekommen?", fragte sie.
Finja zuckte die Achseln. „Nein. Gar keine Nachricht. Ich hätte mich gefreut, wenn meine Mama oder mein Papa sich gemeldet hätten. Ich habe ihnen gestern ein Foto von Marburg geschickt und eine Nachricht geschrieben, aber sie reagieren nicht."
„Das ist schade", fand auch Lilly, deren Mutter sich schon kurz, nachdem Nikolas die Fotos geschickt hatte, gemeldet hatte. Sie freute sich riesig, dass ihre Kinder einen solchen Spaß hatten.
Finja hob entschuldigend die Schultern. „Meine Eltern arbeiten so viel. Da haben sie sicher keine Zeit."
Lilly tröstete sie. „Sie denken trotzdem an dich!"
Doch als Finja sich unter ihrer Bettdecke verkroch, wischte sie sich verstohlen eine Träne aus dem Augenwinkel.

DAS BURGVERLIES AUF DEM GLEIBERG

Auch am nächsten Morgen meinte es der Wettergott gut mit ihnen. Nach dem Frühstück machten sie sich mit den Rädern auf zur *Burg Gleiberg* hoch über den Dörfern Krofdorf und Gleiberg. Die letzte Etappe führte steil bergauf.
Kurz vor der Burg sprang Lilly vom Rad und rief: „Ich kann nicht mehr, ich schiebe!"
Geli zeigte sich solidarisch und schob ebenfalls. Auch die meisten anderen gaben auf. Nur Nikolas und Theo lieferten sich ein Duell bis in den Burghof und warteten dort auf die anderen.
Zunächst erkundeten sie das großzügige Burgruinengelände gemeinsam, doch nach und nach zerstreute sich die Gruppe. Nikolas und Leo drehten eine Runde an der Ringmauer entlang, die die Burg umgab. Ringsumher fiel das Gelände steil ab.
„Die konnten die Burg bestimmt super verteidigen", meinte Leo.
Kirsten, Jo und Meryem stiegen eine Treppe im Inneren der Burg hinab. Meryem gruselte sich. „War das ein Kerker?"
„Nein, der Kerker war immer im Bergfried", antwortete Claudius.
„Igitt, da sind bestimmt Spinnen drin. Nix wie raus!", rief Kirsten.
Finja blickte mit Geli von einer Mauer auf das unter ihnen liegende Krofdorf. „Guck mal, von ganz da unten sind wir gekommen. Ganz schön steil", meinte Geli.

Finja nickte. „Bestimmt sind die Prinzessinnen früher mit der Kutsche hier raufgefahren.“ „Oder in einer Sänfte getragen worden“, spann Geli den Faden weiter. Beide lachten.

Nach einer Weile trafen sich alle, bis auf Lilly, die immer noch geschafft war vom bergauf radeln, auf dem Bergfried, dem höchsten Punkt der Burg. Nachdem sie die 150 Stufen erklommen hatten, wurden sie erneut mit einem großartigen Ausblick belohnt. Nicht weit entfernt lag die Nachbarburg *Vetzberg*. Sie konnten zurück nach Gießen schauen, woher sie gekommen waren, und sahen auch bereits ihr Ziel für den heutigen Tag, Wetzlar.

Lilly stand an der Burgmauer und sah durch eine Fensteröffnung nach draußen, als sie plötzlich aus einiger Entfernung ein leises Weinen hörte. Sie sah sich um, konnte aber niemanden entdecken. Erst als sie durch die Fensteröffnung nach unten blickte, sah sie ein paar Meter unter sich ein dunkelhaariges Mädchen. Sie saß in einer dunklen Nische an die Burgmauer gelehnt, verbarg ihr Gesicht in den Händen und schluchzte zum Steinerweichen. Ein Strick war um ihre Handgelenke geschlungen.

„Oh, Vater, werde ich dich wohl jemals wiedersehen?“, klagte sie. Lilly erschrak und hielt den Atem an.

„Niemals wird jemand das Versteck finden, indem ich schmachte. Elend werde ich zugrunde gehen.“ Dann wieder Schluchzen. „Ach, wäre ich doch nicht diesen Entführern in die Hände gefallen.“

‚Das entführte Mädchen!‘ fuhr es Lilly durch den Kopf. Nun erblickte sie auch ganz in der Nähe einen Mann in einem schwarzen Anzug mit dunkler Brille. Das musste der Entführer sein!

Ohne nachzudenken, rief Lilly dem Mädchen zu: „Warte, ich komme und befreie dich!"
Erschrocken blickte das Mädchen nach oben und entdeckte Lilly.
Lilly wollte losrennen, zögerte jedoch einen Moment, da ihr das Gesicht des Mädchens bekannt vorkam. Sie mochte zwei, drei Jahre älter sein als Lilly. Der Mann mit der Sonnenbrille rief: „Los, schnell weg hier!" Das Mädchen sprang auf.
Lilly rannte los, um die Burgmauern herum, doch als sie die Stelle erreicht hatte, an der das Mädchen gesessen hatte, war niemand mehr dort. Lilly hörte, wie sich Schritte rasch entfernten, und lief hinterher. Im selben Moment hörte sie Nikolas vom Burgturm aus rufen. „Lilly! Komm schnell hier rauf, das musst du dir ansehen!"
Enttäuscht gab Lilly die Verfolgung auf und folgte dem Ruf ihres Bruders. Als sie oben im Turm ankam, zuckte dieser jedoch die Achseln. „Zu spät. Jetzt ist sie weg."
„Wer ist weg?"
„Die pinke Limousine, die wir in Marburg gesehen haben."
„Ja, kurz nachdem Nikolas dich gerufen hat, stiegen ein Mann und ein Mädchen ein und rasten davon", erzählte Jo.
„Dort unten auf dem Parkplatz stand sie", ergänzte Nikolas.
„Das müssen die Entführer gewesen sein!", rief Lilly aufgeregt.
Claudius seufzte. „Fängst du schon wieder damit an, Lilly? Ich glaube nicht, dass hier jemand entführt worden ist. Schon gar nicht in einer pinken Limousine!"
Lilly kämpfte gegen die Tränen, weil niemand ihr glauben wollte. „Ich habe es aber gehört. Das dunkelhaarige Mädchen hat geweint

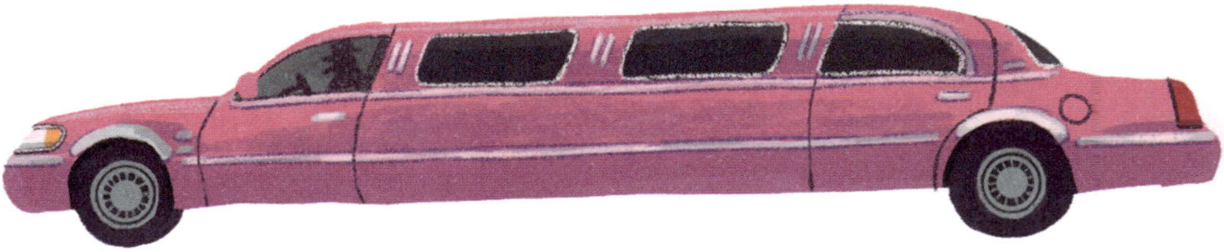

und gesagt, dass sie gefangen gehalten wird und ihren Vater nie wiedersieht."

Birte legte den Arm um sie. „Ach Lilly, da hast du sicher etwas falsch verstanden."

„Nicht hinter jedem Gespräch, das man aufschnappt, steckt eine Detektivgeschichte", sagte Claudius.

Lilly warf ihm einen ärgerlichen Blick zu. Warum glaubte ihr keiner? Das Mädchen hatte von einer Entführung gesprochen. Das hatte sie genau gehört. Und warum nur war sie ihr so bekannt vorgekommen? Nur widerwillig ließ sie sich beruhigen. Ob sie wirklich etwas missverstanden hatte?

Die Gruppe setzte ihren Weg durch Wiesen, Felder und kleine Ortschaften fort. Nach einer Stunde erreichten sie Wetzlar. Der Radweg führte durch ein Gewerbegebiet in die Stadt. Aber die Jugendherberge lag inmitten von Grün nahe eines historischen Türmchens, das die Form eines Bleistifts hatte, hoch über der Stadt.

„Das ist aber schön hier! Zuerst dachte ich, die Stadt wäre hässlich, aber hier im Grünen ist es wunderbar!", rief Lilly.

Claudius grinste. „Das hat schon Goethe einst gesagt. ‚Die Stadt selbst ist unangenehm, dagegen rings umher eine unaussprechliche Schönheit der Natur'", zitierte er.

„Goethe? War der in Wetzlar?“, wollte Nikolas wissen.

Claudius nickte. „Ja, das war er tatsächlich, und er hat ein berühmtes Buch über seine Zeit in Wetzlar geschrieben. Aber ich will nicht zu viel erzählen, wir machen ja morgen eine Stadtführung.“

„Stadtführung? Laaangweilig!“, maulte Hannes.

„Haben wir bisher schon was Langweiliges gemacht?“, fragte Theo.

„Nee“, musste Hannes zugeben.

„Dann lasst euch überraschen. Und jetzt: Räder anschließen, Zimmer beziehen, kurz ausruhen, und in einer halben Stunde treffen wir uns wieder hier.“

Nachdem sich alle wieder versammelt hatten, starteten sie zu einer kleinen Wanderung.

„Wir wandern zu einem Turm namens *Kalsmunt*, dem Bergfried einer mittelalterlichen Burg. Laut Reiseführer hat man dort eine wunderbare Aussicht. Lasst uns aufbrechen, der Turm wird in einer Stunde geschlossen.“

Der Reiseführer sollte recht behalten, denn von der kleinen Plattform des *Kalsmunt* aus konnte man über die Stadt und die Umgebung blicken. Lilly, Leo, Kirsten, Luisa und Meryem rangelten spielerisch um einen Platz auf der einzigen Sitzbank.

Nikolas machte Fotos. Inmitten der Altstadt von Wetzlar erspähten sie eine große Kirche.
„Das ist der *Wetzlarer Dom.*“ Claudius wusste wie immer bestens Bescheid. „Und dort seht ihr die *alte Lahnbrücke* aus dem 13. Jahrhundert.“
„Welcher Fluss fließt dort in die Lahn?“, erkundigte sich Julian und zeigte auf einen schmaleren Seitenarm.
„Da wir hier im Lahn-Dill-Kreis sind, nehme ich an, es ist die Dill“, erklärte Theo. „Aber solche Fragen könnt ihr gerne morgen der Stadtführerin stellen.“
Auch Lilly hatte inzwischen etwas entdeckt. Unter der Bank, auf der sie gesessen hatte, lag etwas Grünes. Bei näherem Hinsehen entpuppte es sich als Drache aus Plüsch mit Flügeln und einem gezackten Schwanz. Lilly hob ihn hoch.
„Schaut mal, hier. Ich hab einen Drachen gefunden“, rief sie lachend.
Die anderen drehten sich um.
„Schau mal, Lilly, der Drache hat etwas in der Hand“, sagte Finja.
„Stimmt.“ Lilly nahm eine papierene Rolle aus den Tatzen des Drachen und öffnete sie.

Hab mich wohl verirrt und find'
Den Weg nicht mehr ins Labyrinth
Dorthin, wo andere Drachen wohnen,
Bring mich hin, es wird sich lohnen.

Nimm den Stadtturm zum Geleit,
Gen Süden wende dich und schreit'
Genaustens einen Steinwurf weit.
An eines Bauwerks Vorderseit'
Siehst du, wenn du bist gescheit,
Ein Drachenpaar, sie sind zu zweit.
Such nach der Drachen Hoheit
So ward's vom Schicksal prophezeit!

Die anderen umringten Lilly. „Das ist ein Rätsel!", rief Jo begeistert.

„Wir sollen den Drachen zurück in sein Zuhause bringen", sagte Julian. „Wie spannend!" „Dürfen wir?", fragte Lilly.

Theo zuckte die Achseln. „Mir soll es recht sein, wenn ihr dabei die Stadt besser kennenlernt."

Sie begannen zu rätseln.

„Wir müssen einen Turm suchen."

„Wir sind doch auf einem Turm."

„Das kann nicht die Lösung sein, dann würde der Drache ja alleine zurückfinden."

Claudius hatte natürlich wieder einen Spruch von Goethe parat: „Da steh ich nun, ich armer Tor, und bin so klug als wie zuvor."

„Ach, du immer mit deinem Goethe!", riefen Lilly und Mia.

Als die Kinder weiter diskutierten, wurden sie von Theo unterbrochen.

„Leider muss euer Rätsel noch etwas warten, wir wollen weiter."

„Gucken wir noch eine Sehenswürdigkeit an?", fragte Lilly.

Theo schüttelte den Kopf. „Nein, wir schauen uns eine Nicht-Sehenswürdigkeit an!"

„Hä? Was soll das sein?"

„Nicht-Sehenswürdigkeiten gibts doch gar nicht."

„Doch, in Wetzlar schon, wartet ab." Theo machte sich an den Abstieg, und die anderen folgten.

5.

PIZZA IM DUNKELN

„Dort steht ‚Leica'!“, rief Nikolas plötzlich und deutete auf ein mehrstöckiges Gebäude. „Mein Vater hat eine tolle Kamera von Leica. Was hat das mit Wetzlar zu tun?“ Nikolas' und Lillys Vater musste als Journalist häufig Fotos machen, und Nikolas interessierte sich ebenfalls für Fotografie.

Hier wusste Birte Bescheid, die selbst gern fotografierte. „Die Leica wird in Wetzlar hergestellt.“

„Echt?“ Nikolas war begeistert. „Das ist ja toll, das muss ich Papa erzählen.“

Sie liefen weiter, und vor einem unscheinbaren Hauseingang blieb Theo stehen. „Hier sind wir!“, verkündete er.

„‚*Dunkelkaufhaus*'“ stand dort auf einem Schild.

„Och nee, nicht einkaufen!“, maulte Leo und verdrehte die Augen.

Unbemerkt hatte sich hinter ihm eine Tür geöffnet. Ein Mann war herausgetreten und sagte: „Einkaufen kannst du hier nichts, aber du wirst eine Menge mit nach Hause nehmen. Ihr seid die Jugendgruppe aus Berlin?“ Als Theo das bejahte, bat der Mann sie hinein. „Herzlich willkommen im *Dunkelkaufhaus*! Mein Name ist Thomas Brendel, und wir wollen im *Dunkelkaufhaus* gemeinsam erleben, wie es sich anfühlt, nicht sehen zu können. Für mich ist das Alltag, denn ich bin blind, aber für euch ist das sicher eine neue Erfahrung.“

„Wir sehen auch manchmal nix, weil Gelis Klamotten uns so blenden“, flüsterte Julian Nikolas ins Ohr. Geli trug heute Leggings in grellem Neonorange. Nikolas kicherte.
Geli gab Julian einen Stups. „Sei nicht so frech, das habe ich gehört!“, sagte sie, konnte sich ein Grinsen dabei jedoch nicht verkneifen.
Herr Brendel öffnete die Tür und schlüpfte durch einen dichten dunklen Vorhang. „Bitte folgt mir“, hörten sie seine Stimme. Claudius und Geli machten mutig den Anfang, Nikolas, Julian und Lilly folgten. Die anderen zögerten kurz, dann schlüpften sie ebenfalls durch den Vorhang. Finja griff ängstlich nach Birtes Hand, dann tauchten auch sie in die tiefschwarze Dunkelheit. Sie konnten nicht das kleinste bisschen sehen, nicht einmal die Hand vor Augen.
„Wenn das Sehen ausfällt, schärfen sich alle anderen Sinne. Das wollen wir hier ausprobieren“, erklärte Herr Brendel.
Zunächst ging es um das Hören. Das Geräusche-Erkennen meisterten die Kinder gut. Als Nächstes war der Geruchssinn gefragt. Lilly schnupperte an einem kleinen Säckchen. „Seife!“ rief sie.
„Iiih!“, war Nikolas Stimme zu vernehmen. „Das stinkt!“
„Das ist Bärlauch“, klärte ihn ihr blinder Begleiter auf.
Anschließend war der Tastsinn in völliger Dunkelheit gefordert. Anhand von Gegenständen und Werkzeugen, die auf einen Tisch montiert waren, sollten Berufe erkannt werden.
„Friseur“, erkannte Luisa rasch.
„Maurer.“ „Arzt.“ Gemeinsam lösten sie die Aufgaben.
Am Ende gelangten sie in einen Raum, den Herr Brendel „Dunkelcafé“ nannte.

Birte klatschte in die Hände und rief: „Abendessen!“
Die entsetzten Ausrufe ließen nicht lange auf sich warten.
„Was?“
„Hier?“
„Im Dunkeln?“
„Das ist doch nicht euer Ernst!“
„Aber sicher doch!“, bestätigte Theo. „Setzt euch.“
Jeder tastete sich zu einem Stuhl. Getränke wurden in Flaschen mit Strohhalmen serviert.
Nikolas traute sich als Erster zu probieren. „Das schmeckt süß.“
„Ist das Limo oder Cola?“, überlegte Meryem.
„Hier riecht es nach Pizza!“, rief Lilly plötzlich.
Herr Brendel lachte. „Euer Geruchssinn ist ja nicht schlecht!“ Er stellte der Reihe nach vor jeden eine Pizza.
„Wie macht er das bloß, dass er nix fallen lässt und uns im Dunkeln findet, Kirsten?“ tuschelte Lilly ihrer Nachbarin zu.
„Weiß ich auch nicht. Ich bin übrigens Leo“, flüsterte es zurück. Beide lachten.
Pizza im Dunkeln zu essen, war nicht einfach. Einige probierten, mit Besteck zu essen, gaben aber schnell auf und aßen die Pizza stattdessen mit der Hand.
„Blinde Menschen haben es im Alltag wirklich schwer“, meinte Lilly, als sie wieder draußen standen. „Ich bin echt froh, dass ich sehen kann.“ Die anderen nickten ernst.
Viel zu sehen gab es auch auf dem Rückweg, der sie durch einen Park am Lahnufer führte. Dort entdeckten sie ein merkwürdiges Gebilde.

Am Boden befand sich die Sitzfläche eines Stuhls mit Lehne. In einiger Entfernung folgten die Stuhlbeine und schließlich ein Rohr, durch das man durchschauen konnte.
„Beuchet-Stuhl", las Julian von einer Tafel vor. Der Stuhl war Teil des *Optikparcours*, einem Stadtrundgang, bei dem man optische Phänomene erleben und die Welt der Optik mit Lichtbrechungen und anderen spannenden Experimenten erleben konnte.
Sie befolgten die Anweisungen. Lilly stellte sich auf die Stuhlfläche, Finja neben die Stuhlbeine, und die anderen blickten abwechselnd durch das Rohr. Vom richtigen Standpunkt aus entstand die Illusion, als sei Lilly winzig klein, Finja hingegen riesig. Nikolas knipste. „Ein cooles Fotomotiv! Papa wird staunen", rief er Lilly begeistert zu.
Sie überquerten die *alte Lahnbrücke* und spazierten durch die Wetzlarer Altstadt mit ihren Fachwerkhäusern zurück zur Jugendherberge. Während Berat, Julian, Meryem und Luisa sich noch ein Tischtennismatch lieferten und Hannes und Mia auf ihren Handys daddelten, setzten sich Lilly, Jo, Kirsten, Nikolas und Leo zusammen und berieten über das Drachenrätsel.
Finja kam zu ihnen herüber. „Darf ich mich zu euch setzen?"
Kirsten und Jo schwiegen.
Lilly fuhr die beiden an: „Seid nicht so gemein!" Sie rutschte zur Seite. „Na klar, komm zu uns. Wir wollen das Rätsel lösen." Finja lächelte dankbar. „Wir suchen also einen Turm."
„Hier in der Nähe gibt es doch einen Turm. Vielleicht ist der gemeint?", überlegte Finja.
„Gute Idee!" Lilly sprang auf. „Lasst uns nachsehen."

Die Kinder liefen nur wenige Meter bis zu dem bleistiftförmigen Turm. *„Brühlsbacher Warte“* stand auf einer Plakette neben der Tür, die jedoch verschlossen war. Sie sahen sich um, aber in der näheren Umgebung gab es keine weiteren Gebäude.
„Hier sieht es auch nicht nach einem Labyrinth aus“, stellte Lilly fest.
„Dann wohnt der Drache woanders. Am besten, wir fragen morgen bei der Stadtführung nach.“
Sie kehrten zur Herberge zurück. Lilly setzte sich zu Finja aufs Bett. „Nachricht von deinen Eltern?“, fragte sie. Finja schüttelte traurig den Kopf.
Lilly nahm die Schachtel mit den Sprüchen, die Mama ihr gegeben hatte, aus ihrer Tasche und gab sie Finja. „Das hat mir meine Mama geschenkt. Da stehen Sachen zum Aufmuntern drin, falls man traurig ist. Ich glaube, du brauchst sie gerade dringender als ich.“
Finja nahm einen Zettel aus der Box und las vor: „Sei stolz auf dich, dass du alleine eine große Abenteuerreise unternimmst. Du bist sehr mutig!“
„Stimmt, das ist meine erste Reise ohne Eltern oder Großeltern“, sagte Finja und wirkte nicht mehr ganz so niedergeschlagen.
„Meine auch. Darauf kann man echt stolz sein“, antwortete Lilly und umarmte Finja, bevor sie schlafen gingen.

6.

AUF DER SUCHE NACH DEM LABYRINTH DES DRACHEN

Die Stadtführung begann am nächsten Morgen um 10 Uhr. Auf dem Domplatz, mitten in der Wetzlarer Altstadt, warteten sie auf die Stadtführerin. Den Plüschdrachen hatte Lilly mitgenommen und alberte mit ihren Freundinnen damit herum.

Claudius holte sich Flyer in der *Tourist-Information*. Nikolas begleitete ihn und erkundigte sich nach der Firma Leica.

„Die Leica – das steht für Leitz-Camera – wird hier gebaut“, erklärte die Dame von der Tourist-Info. „1914 hat Oskar Barnack in Wetzlar die Ur-Leica entwickelt. Sie war die erste Kleinbildkamera überhaupt und hat die Welt der Fotografie revolutioniert. Vorher waren Fotokameras große, schwere Apparate und erst mit der kleinen, praktischen Leica konnte man immer und überall Fotos machen.“

„Und heutzutage sind Kameras so klein, dass sie in die Hosentasche passen“, sagte Claudius und deutete auf Nikolas’ Handy.

Draußen knipste Nikolas ein Gruppenbild mit dem Dom im Hintergrund und dem Drachen auf Lillys Arm.

Während die Kinder rätselten, warum die beiden Türme des Doms so unterschiedlich aussahen – einer klein und schwarz, der andere groß und rötlich –, erschien die Stadtführerin und begrüßte sie. „Herzlich willkommen in Wetzlar. Mein Name ist Andrea. Ich zeige euch heute die Altstadt und erzähle Spannendes über die Geschichte von Wetzlar."

Andrea berichtete vom Siedlungsbeginn und Wetzlars Aufstieg im Mittelalter. „Der Reichtum der Stadt führte dazu, dass man im 13. Jahrhundert begann, eine gigantische Kathedrale, den *Wetzlarer Dom*, zu bauen. Leider ging der Stadt im 14. Jahrhundert das Geld aus, und man hat die Kirche nicht zu Ende bauen können."

„Hat der Dom deshalb zwei unterschiedliche Türme?"

„Richtig", bestätigte die Stadtführerin. „Ursprünglich stand hier eine romanische Kirche. Die hat man Stück für Stück abgetragen und eine neue, gotische Kirche drum herum gebaut. Ihr erkennt den Unterschied an den Fenster- und Türöffnungen. Romanische Fenster haben einen Rundbogen, gotische einen Spitzbogen. Nur einer der neuen Türme wurde fertiggestellt, und der Turm der romanischen Kirche blieb stehen. Aber gerade das macht den Wetzlarer Dom so spannend." Sie umrundeten den Dom und hielten vor einem Eingang an.

„Leider kann ich heute nicht mit euch in den Dom hineingehen, dort finden gerade Dreharbeiten statt." Andrea deutete auf ein Schild am Eingang.

Lilly bemerkte zwischen den steinernen Figuren, die sich um die Tür wanden, einen Drachen. Sofort kam ihr eine Idee.
„Wohnen hier Drachen?", platzte sie heraus. Andrea schmunzelte. „Nein, soweit ich weiß, wohnen im Dom höchstens ein paar Fledermäuse, aber keine Drachen. Wie kommst du darauf?"
Lilly erklärte aufgeregt: „Wir suchen das Zuhause von diesem Drachen, er wohnt in einem Labyrinth neben einem Turm. Und der Dom hat ja einen Turm, und hier ist ein Drache abgebildet, vielleicht gibt es unter dem Dom ein Labyrinth? Wir waren gestern schon beim *Kalsmunt* und bei der *Brühlsbacher Warte*, aber da wohnt der Drache nicht." Lilly hielt Andrea den Drachen hin, und diese las das Rätsel.
„Da habe ich einen Tipp. Gesucht ist ein Stadtturm, der gehört zur Stadtmauer. Die *Brühlsbacher Warte* – wir nennen sie Bleistift, weil sie aussieht wie einer – liegt außerhalb der Stadt, der *Kalsmunt* ebenso, und der Domturm ist ein Kirchturm. In Wetzlar gibt es nur noch einen einzigen Stadtturm, den *Säuturm*. Dort müsst ihr suchen."
„Aha! Danke für den Hinweis!" Lilly drehte sich zu den anderen um und reckte die Daumen hoch.
„Mit dem Drachen neben der Kirchentür haben die Menschen übrigens versucht, böse Geister von der Kirche fernzuhalten. Im Mittelalter war man sehr abergläubisch. Aber Zeichen

mit einer Bedeutung gibt es auch an anderen Gebäuden. Ich bin gespannt, wer als Erster eines findet!"

Die Kinder flitzten los, Lilly allen voran. „Da!", rief sie plötzlich und deutete auf ein ins Holz geschnitztes Zeichen an einem Fachwerkhaus. „Eine Brezel!"

„Und daneben, das ist vielleicht ein Brötchen?", überlegte Mia.

„Und ein Nudelholz!", rief Nikolas.

„Tja, wer könnte also hier gewohnt haben?", fragte Andrea.

Die Antwort kam im Chor: „Der Bäcker!"

„Genau!"

„Aber warum ist darüber noch eine Krone?", wollte Nikolas wissen.

„Vermutlich ist die Krone ein Hinweis auf den Kaiser, denn Wetzlar war eine Reichsstadt und musste dem Kaiser gehorchen", erklärte die Stadtführerin. „Übrigens sind alte Straßennamen oft Hinweise auf die früheren Bewohner. Hier in der Schmiedgasse haben viele Schmiede gewohnt und drüben in der Gewandsgasse die Schneider."

Sie erreichten einen idyllischen Innenhof neben einem Fachwerkhäuschen mit blauen Balken. Die Kinder setzten sich sofort auf die Bänke unter den schattenspendenden Kastanien.

„Das hier sind der *Lottehof* und das *Lottehaus*. Hier wohnte vor 250 Jahren Charlotte Buff."

„Wer ist das denn?"

„Lotte war die Tochter eines Amtmanns, und nach dem Tod der Mutter kümmerte sie sich um ihre elf Geschwister. Auf einem Ball lernte sie Johann Wolfgang von Goethe kennen. Wisst ihr, wer das ist?"

Die Kinder verdrehten die Augen. „Ja, und wir kennen auch alle seine Zitate“, stöhnte Nikolas.

„Kennt ihr denn auch sein Hexeneinmaleins?“, fragte Andrea. Die Kinder schüttelten lachend die Köpfe.

„*Du musst verstehn!*
Aus eins mach zehn,
und zwei lass gehn,
und drei mach gleich,
so bist du reich.
Verlier die Vier!
Aus fünf und sechs,
so sagt die Hex’,
mach sieben und acht,
so ist’s vollbracht:
Und neun ist eins,
und zehn ist keins.
Das ist das Hexeneinmaleins!“, trug Andrea theatralisch vor.

„Mein persönliches Lieblingszitat von Goethe.“

„Das ist viel lustiger als die Goethe-Sprüche von Claudius!“, meinte Nikolas.

In diesem Moment öffnete sich die Tür des Fachwerkhauses, und heraus trat ein junger Mann im blauen Frack mit gelber Hose und Schnallenschuhen. Sein Haar trug er zum Zopf gebunden, mit je einer sorgfältig gezwirbelten Locke über den Ohren.

Die Stadtführerin lachte. „Na, so ein Zufall, da ist er ja. Guten Morgen, Monsieur Goethe, ist Charlotte nicht zu Hause?“

„Doch, aber Mamsell Lottchen schneidet gerade Brot für die Geschwister", gab der Angesprochene ernsthaft zurück, winkte und verließ den Hof.

„Es gibt ein Gemälde von der brotschneidenden Lotte, das ist weltberühmt", erklärte Andrea.

„Ist dieser Goethe nicht schon lange tot?", fragte Meryem verwundert.

„Doch, natürlich, aber in Wetzlar lassen wir ihn ein bisschen weiterleben. Das war ein Kostümstadtführer, der sich als Goethe verkleidet

hat. Der echte Goethe hat sich damals in Charlotte verliebt. Die hatte aber schon einen Freund, gab Goethe einen Korb, und der Dichter war traurig. Später schrieb er über seine enttäuschte Liebe einen Roman mit dem Titel ‚Die Leiden des jungen Werthers'. Dieses Buch war unglaublich erfolgreich und machte Goethe weltberühmt. Wetzlar nennt sich heute Goethestadt, weil er in Wetzlar die Idee zu dem Buch hatte. Wetzlar ist außerdem auch Optikstadt. Zum Thema Optik werdet ihr gleich im *Viseum* noch mehr erfahren." Andrea deutete auf die gläserne Fassade hinter ihnen.

Theo nickte. „Ja, wir machen zwei Gruppen, die einen gehen ins *Viseum,* das ist ein Museum über Optik, und die anderen schauen sich das *Lottehaus* an, das Haus, in dem Charlotte Buff gewohnt hat."

Nachdem Andrea sich verabschiedet hatte, teilten sich die Kinder nach ihren Interessen auf und besuchten das jeweilige Museum. Anschließend aßen sie im *Lottehof* das Essen aus ihren Lunchpaketen und plapperten wild durcheinander, was sie gerade gesehen hatten.

„Im *Viseum* gibt es ein Nachtsichtgerät."

„Im *Lottehaus* steht Lottes altes Klavier."

„Unter dem Mikroskop konnte man die Haare an den Beinen einer Spinne sehen."

„Die hatten dort nur drei Schlafzimmer für vierzehn Personen!"

Nur Lilly verschwieg, dass sie durch ein Zielfernrohr im *Viseum* in einiger Entfernung wieder den Entführer des dunkelhaarigen Mädchens gesehen hatte. Zumindest war es ein Mann mit schwarzem Anzug und Sonnenbrille gewesen. Aber sie wollte nicht wieder ausgelacht werden, also schwieg sie.

„Den Nachmittag habt ihr zur freien Verfügung“, verkündete Theo. „Wir treffen uns um 17.30 Uhr in der Jugendherberge, und dann haben wir noch eine Überraschung für euch.“

Für Lilly war sofort klar, dass sie dem Rätsel des Drachen weiter auf den Grund gehen wollte. Die Stadtführerin hatte ihr einen Stadtplan geschenkt und Stadtmauer samt Turm eingezeichnet. Kirsten, Jo, Finja, Julian und Berat schlossen sich Lilly an. Nikolas wollte lieber mit der Leica die Stadt erkunden, und die anderen hofften darauf, eine Eisdiele zu finden. So zogen die Gruppen in unterschiedliche Richtungen los.

Lilly schritt voran und schielte immer wieder auf den Plan. Vom *Kornmarkt* aus führte sie ein Durchgang zu einem Stückchen Stadtmauer und dem einzigen noch existierenden Stadtturm, *Säuturm* genannt.

„Den Stadtturm zum Geleite, gen Süden wende dich ...“, zitierte Lilly aus dem Rätsel.

„Wo ist Süden?“

Die Kompass-App auf Julians Handy beantwortete diese Frage rasch.

„Eine Steinwurfweite“, überlegte Finja. „Wie weit kann das sein?“

Sie mussten nicht lange darüber beraten, denn schon nach wenigen Schritten rief Lilly: „Da sind zwei Drachen!“ Tatsächlich zierten zwei grüne Drachen die Fassade eines großen Hauses. Lilly öffnete mutig die schwere Holztür. In einer großen Eingangshalle standen Tische und jede Menge Bücherregale.

„Eine Bibliothek!", flüsterte Finja. Die Kinder sahen sich um und gingen hinein. Nach ein paar Metern erreichten sie eine Theke.

„Na, wollt ihr euch ein Buch ausleihen?", fragte die Frau dahinter.

Die Kinder schüttelten den Kopf. „Wir suchen ..." Lilly blickte noch einmal auf das Rätsel. „Wir suchen die Hoheit der Drachen!"

„Die Drachenhoheit, soso. Damit kann wohl nur unsere Drachenbeauftragte gemeint sein. Ihr Büro ist gleich dort drüben." Sie schickte die Kinder durch eine Tür.

Zwischen Regalen mit Unmengen von Kinderbüchern, Drachenfiguren, Ritterburgen und Monstern stand ein übervoller Schreibtisch; an dem saß eine Frau mit Zopf in einem blauen Pullover. Sie blickte auf und lächelte freundlich. „Hallo und herzlich willkommen in der *Phantastischen Bibliothek*!", sagte sie lächelnd und stand auf.

„Sind Sie die Drachenbeauftragte?", fragte Lilly und hob den Plüschdrachen in die Höhe.

„Oh, ihr habt ihn gefunden!" Offensichtlich kannte die Dame den Drachen. Sie *musste* die Drachenbeauftragte sein.

„Das ist der neugierige Lesedrache. Er büxt ab und zu aus und erkundet die Welt. Damit er wieder zurückfindet, hat er eine Wegbeschreibung bei sich. Danke, dass ihr ihn zurückgebracht habt." Sie nahm den Drachen von Lilly entgegen und streichelte ihn.
„Was ist eine phantastische Bibliothek?" fragte Berat.
„Wir sind eine Bibliothek, die nur phantastische Literatur sammelt. Also Märchen, Sagen, Fantasy-Romane, Science-Fiction und so weiter. Diese Bibliothek ist übrigens die größte ihrer Art weltweit! Seid ihr zum ersten Mal hier?"
Die Kinder nickten. „Wir sind auf einer Ferienfreizeit. Gestern haben wir den Drachen gefunden und wollten ihn nach Hause bringen. Gibt es denn hier ein Labyrinth?", fragte Lilly.
„Ja, natürlich: das *Bücherlabyrinth*! Kommt mit, ich zeige euch alles."
Die Drachenbeauftragte führte sie nach unten in das *Bücherlabyrinth* mit unzähligen Regalbrettern voller Bücher. Lilly legte den Kopf schief, um die Buchtitel lesen zu können, und freute sich, als sie ein bekanntes Buch erspähte. „Den ‚Kleinen Hobbit' haben wir auch zu Hause."
Finja ließ ihren Zeigefinger über die bunten Buchrücken gleiten und zog hin und wieder ein Buch heraus, um es sich anzusehen.
Berat bestaunte ein riesiges Buch, das aufgeschlagen auf einem Ständer lag und dessen Seiten gut einen Meter hoch waren. „Das ist unser größtes Buch", sagte die Drachenbeauftragte stolz.
Im nächsten Stockwerk bog Kirsten nach rechts in einen Raum ab, quiekte laut „Igitt" und stolperte rückwärts wieder hinaus. Dort stieß sie mit Jo zusammen.
„Was ist denn los?", fragte die.

„Bäh, da sind lauter Spinnweben und so."
Jo linste vorsichtig um die Ecke und begann zu lachen. „Die sind doch gar nicht echt!", rief sie ihrer Freundin zu. „Und die Fledermäuse und Skelette auch nicht."
„Egal", beharrte Kirsten und schüttelte sich. „Eklig sind sie trotzdem."
„Das ist der Horror-Raum. Manche Bücher sind ein bisschen eklig, die dürfen Kinder dann auch nicht ausleihen", erklärte ihre Begleiterin.
Lilly und Berat hatten inzwischen eine Art Thron entdeckt, der vollständig aus silbrig glänzenden Büchern bestand.

„Sind die Bücher echt?“, fragte Lilly. „Die kann man ja gar nicht mehr lesen.“

Die Drachenbeauftragte antwortete: „Es sind echte Bücher, aber Fehldrucke, das heißt, beim Drucken ist was schiefgegangen. Weil man die nicht lesen kann, haben wir den Thron draus gebaut.“ Berat hatte sich inzwischen daraufgesetzt.

„Das sind übrigens alles Romane über Perry Rhodan, einen Weltraumhelden. Der hat viele Fans, und manche kommen nur her, um einmal auf dem Thron zu sitzen.“

Zum Abschluss betraten sie den Märchenraum. Dort gab es nicht nur Märchenbücher, sondern es glitzerte und funkelte überall auf Vasen, Gardinen und Lampen wie in einem Märchen aus Tausendundeiner Nacht. Die Drachenbeauftragte nahm auf einem prächtig bestickten Sessel Platz und lud die Kinder ein, sich auf die bunten Kissen zu

setzen. Dann las sie ihnen eine Geschichte vor. „Natürlich musste es eine Drachengeschichte sein, denn der Drache ist schließlich unser Maskottchen“, erklärte sie fröhlich und verabschiedete die Kinder dann.

„Boah, war das spannend!“, rief Kirsten draußen. Die anderen stimmten ihr zu.

„Wie schön, dass der Drache wieder zu Hause ist!“, sagte Lilly zufrieden.

Im kühlen Keller der Bibliothek war es angenehm gewesen, doch draußen brannte wieder die Sonne.

„Ich brauch ein Eis!“, stöhnte Jo.

Sie liefen zurück zum Domplatz, um eine Eisdiele zu suchen. Dort trafen sie die anderen. Nikolas hatte jede Menge Fotos geschossen. Lilly erzählte von der *Phantastischen Bibliothek*. „Die haben da nicht nur Toiletten für Männer und Frauen, sondern sogar für Außerirdische“, schloss sie ihren Bericht.

Die anderen kicherten.

An der Tür des Doms hing noch immer das Schild, dass wegen Dreharbeiten keine Besichtigung möglich war, doch in diesem Moment öffnete sich die Tür. Heraus kam eine Gruppe von Menschen in historischen Kostümen und ein Kamerateam. In ihrer Mitte ging ein hübsches Mädchen mit schwarzen Haaren und einem etwas dunkleren Hautton, etwa 13 Jahre alt, in einem prachtvollen mittelalterlichen Brautkleid. Lilly erkannte sie sofort. „Da!“, rief sie. „Das ist sie!“

„Wer?“

„Das entführte Mädchen von *Burg Gleiberg*!“

LIEBLINGSFARBE: PINK!

In diesem Augenblick bog die pinke Limousine, die sie bereits mehrere Male gesehen hatten, um die Ecke. Der Mann mit Anzug und Sonnenbrille stieg aus.

„Quatsch, die kenne ich. Das ist Cora Liebling!“, rief Jo entzückt.

„Cora Liebling? Wer soll das sein?“, fragte Julian.

„Na, die Sängerin. Die kenne ich von YouTube! Die hat da einen eigenen Kanal“, erklärte Jo. „Kennt ihr nicht das Lied ‚Pink ist für Prinzessinnen‘?“ Jo begann zu singen. „Das ist von ihr.“

„Ja, das kenne ich!“, riefen Nikolas und Mia. Auch Lilly hatte das Lied schon gehört.

„Juhu, Cora!“, rief Jo begeistert und winkte.

Cora drehte sich um, als sie ihren Namen hörte. Dann kam sie auf die Gruppe zu. „Hi!“ Sie lächelte strahlend.

Der Mann im Anzug, vermutlich ihr Bodyguard, stellte sich dicht hinter sie.

„Kriege ich ein Autogramm?“, fragte Jo begeistert. „Ich bin ein Fan von dir!“

„Autogramme sind okay“, sagte Cora. „Aber bitte macht keine Selfies und Fotos von mir im Kostüm, es ist nämlich total geheim, dass ich einen Film drehe. Es ist mein erster. Eine Märchenverfilmung, die Weihnachten im Fernsehen laufen soll.“

Auch Kirsten, Luisa und Berat hatten die junge Sängerin inzwischen erkannt und starrten sie mit offenem Mund an. „Cora Liebling, das gibt's doch nicht!"
„Und wir treffen die hier einfach so in Wetzlar beim Filmdreh."
Lilly ging allmählich ein Licht auf. „Ihr dreht hier für einen Film? Habt ihr auch schon auf *Burg Gleiberg* gedreht? Und in der *Badenburg*? Und wird im Film jemand entführt?"
Cora nickte. „Ja, ich spiele eine Prinzessin, die entführt wurde. Wir drehen auf unterschiedlichen Burgen in Mittelhessen. Die *Badenburg* ist der Drehort für das Versteck der Entführer und *Burg Gleiberg* für das Verlies der Prinzessin. Auf *Schloss Marburg* waren wir auch schon, und im Dom haben wir gerade die Hochzeit gefilmt."
„Auf dem *Gleiberg* habe ich dich gesehen. Du kamst mir irgendwie bekannt vor."
„Ach, du warst das!" Cora erinnerte sich.

„Ich dachte, du bist echt entführt worden. Von dem da." Lilly deutete auf den Mann im Anzug.
Cora lachte schallend. „Von Tom? Nein, im Gegenteil, Tom ist mein Leibwächter und passt auf mich auf."
„Auf dem *Gleiberg* hattest du kein Kostüm an."
„Ich habe dort nur meinen Text geprobt. Als du mich gesehen hast, sind wir schnell verschwunden, weil das alles geheim ist. Ansonsten kommen sofort meine Fans und stören die Dreharbeiten. Also bitte verratet nichts."
„Nein, machen wir nicht."
„Und was macht ihr hier so?", fragte Cora.
„Wir sind auf einer Ferienfreizeit. Wir radeln an der Lahn entlang und schauen uns an, was es hier zu sehen gibt. Wir wohnen in der Jugendherberge und werden auch noch auf der Lahn paddeln", erklärte Nikolas.
Cora bekam einen sehnsüchtigen Blick. „Oh, das klingt toll. So was würde ich auch gerne mal machen. Aber ihr seht ja, ich muss arbeiten." Sie zuckte mit den Schultern.
Wie auf ein Stichwort erschien eine wichtig aussehende Dame mit Stöckelschuhen und knallrotem Rock neben Cora. „So, meine Liebe, genug Fankontakt, wir müssen weiter. Deine Limousine ist schon da. Heute Mittag hast du noch drei Interview-Termine. Husch, husch!", sagte sie streng.
Cora seufzte, fügte sich aber. „War schön, euch getroffen zu haben. Viel Spaß noch. Und schaut euch den Film an." Sie stieg in die pinke Limousine und winkte zum Abschied.

„Kneif mich mal, ich glaub, ich träume“, sagte Jo.
„Dass wir Cora Liebling einfach so hier treffen“, murmelte Berat.
„Das gibt’s doch gar nicht.“ Auch Kirsten war verblüfft.
Nikolas stupste Lilly in die Seite. „Na, konntest du doch keine Entführung aufdecken?“
„Pah!“ Lilly rümpfte die Nase und stapfte los in Richtung Jugendherberge.
Beim Abendessen erzählten sie den Betreuern von ihrer Begegnung. Inzwischen waren aber alle gespannt auf die Überraschung, die Theo angekündigt hatte.
„Wir machen noch eine kleine Radtour“, verriet dieser, mehr bekamen die Kinder nicht aus ihm heraus. Nach dem Essen schwangen sich alle auf die Räder und radelten in ein wenige Kilometer entferntes Städtchen namens Solms. Auf den ersten Blick schien es hier nichts Besonderes zu geben.

Theo gab sich geheimnisvoll. „Wartet nur ab.“

Kurz hinter dem Ortsrand tauchte ein Gebäude mit einem Turm auf, der ein kuppelförmiges Dach trug. Star-Wars-Fan Leo roch den Braten sofort. „Ein Observatorium!“, rief er.

Theo nickte. „Ja, eine Sternwarte. Wir wollen heute den Sternenhimmel beobachten.“ Als sie ankamen, wurden sie in einem Vortragsraum von Axel Trettin begrüßt. Er gehörte zum Verein, der die Sternwarte betreute. Leo entdeckte sofort das Modell der Internationalen Raumstation ISS.

Nachdem Axel berichtet hatte, dass die *Volkssternwarte Mittelhessen* vor über 60 Jahren von zwei Astronomie-Fans gegründet worden war, erklärte er ihnen die Grundbegriffe dieser Wissenschaft und des heimischen Sonnensystems. Leo stellte eifrig Fragen.

Nikolas unterdrückte gerade ein Gähnen, und Lilly tuschelte mit Finja, als Axel sagte: „Und jetzt – Licht aus, Sterne an. Möge die Nacht mit uns sein.“ Gemeinsam mit den Kindern betrat er einen Raum, in dem viele Teleskope standen, eines davon war beeindruckend riesig.

„Wo sind die Sterne?“, fragte Lilly. Statt einer Antwort drückte Axel auf einen Knopf. Staunend beobachteten die Kinder, wie sich das Dach langsam zur Seite schob und den Blick auf den Himmel freigab. Inzwischen war es so dunkel, dass man die ersten Sterne erkennen konnte.

„Wow, das ist ja genial!“, rief Nikolas.

Axel begann, Planeten, Sternbilder, die Milchstraße und einen leuchtenden Gasnebel am Himmel zu erläutern. Die Kinder sahen sich die Himmelsphänomene abwechselnd durch das große Newton-Teleskop an.

„Dieses Teleskop haben die Gründer der Sternwarte gebaut, und es ist immer noch sehr gut zur Beobachtung geeignet“, sagte Axel.
Zum Abschluss betrachteten sie den Mond, der bereits aufgegangen war. Weil er nicht voll war, erkannte man am Rand der leuchtenden Sichel Krater und Mondmeere.
„Echt irre, wie dieses Teleskop vergrößert“, fand Nikolas. „Darf ich ein Foto vom Mond machen?“
„Dann muss ich das Okular umbauen, also eine andere Optik einsetzen.“
„Das wäre toll, vielen Dank.“

Axel schraubte einen Adapter vor das Teleskop und half Nikolas und allen anderen, die das gern wollten, ein tolles Foto zu schießen.

Schließlich verabschiedeten sie sich und schwangen sich auf die Räder. Auch wenn die meisten müde waren, musste noch der Heimweg nach Wetzlar bewältigt werden. Claudius hielt alle bei Laune, indem er alberne Lieder sang.

„Kennt ihr die Wetzlar-Hymne? Teneriffaaa – lalalala, Ibizaaa – lalalala, Mallorcaaa – lalalala, unn Wetzlaaa – net vergesse, Wetzlaaa!“, grölte er.

„Was ist denn das für ein Quatsch?“, wollte Nikolas wissen, während die anderen losprusteten.

„Das hessische Comedy-Duo Badesalz hat Wetzlar dieses Lied gewidmet. Das ist Kult in Wetzlar!“

Kurz bevor sie die Jugendherberge erreichten, setzte ein leichter Regen ein, der sich zu einem wahren Wolkenbruch entwickelte. Innerhalb kürzester Zeit waren alle nass bis auf die Haut.

„Lass regnen, wenn es regnen will, dem Wetter seinen Lauf. Und wenn's genug geregnet hat, dann hört's auch wieder auf“, zitierte Claudius seinen Lieblingsdichter.

„Ach, hör mir auf mit deinem Goethe! Davon werden wir auch nicht trocken“, schimpfte Hannes.

Da es keine Möglichkeit zum Unterstellen gab, es aber auch nicht kalt war, fuhren sie rasch weiter und kamen pitschnass vor der Jugendherberge an.

„Rein mit euch, und trocknet euch ab, aber leise bitte!“, mahnte Theo.

Finjas Fahrradschloss klemmte, und sie sah sich hilfesuchend um. Jo und Kirsten, die neben ihr standen, drehten sich demonstrativ um. Finja ließ die Schultern hängen.
„Ich helfe dir!“, sagte Lilly. „Ärgere dich nicht über die beiden, die sind manchmal zickig. Haben sich denn deine Eltern gemeldet?“, fragte Lilly.
„Nein. Leider nicht.“
Lilly gelang es, das Schloss zu schließen. „Lass uns gleich mal in die Trost-Box schauen.“ Finja nickte dankbar, doch soweit sollte es nicht kommen. Sie wollten gerade als Letzte durch die Tür schlüpfen, als ein Ruf sie aufhielt.
„He, psst, hallo!“
Als sie sich erschrocken umdrehten, näherte sich ihnen aus dem Halbdunkel eine Gestalt: Cora Liebling, die junge Sängerin, die sie am Nachmittag getroffen hatten.
„Was machst du denn hier?“, fragte Lilly verblüfft.
„Ich hab auf euch gewartet. Ich wusste ja, dass ihr in der Jugendherberge schlaft. Der Herbergsvater sagte mir, ihr macht einen Ausflug.“
Lilly bemerkte, dass Cora Tränen im Gesicht hatte und ihre Stimme brüchig klang. Spontan legte sie den Arm um Cora. „Warum weinst du?“
„Ach, ich hatte einen total beschissenen Tag. Die Dreharbeiten waren anstrengend, der Regisseur war nicht zufrieden, wir haben eine Szene 17 Mal gedreht. Petra, die Produktionsleiterin, hat rumgezickt, dann noch drei langweilige Interviews. Ich war

schlecht drauf und müde. Und als ich euch getroffen habe, ist mir klar geworden, wie gerne ich auch mal so was machen würde wie ihr. Einfach nur Spaß haben, die Umgebung erkunden, an der frischen Luft sein. Das habe ich ewig nicht gehabt. Seit ich vor einem Jahr plötzlich berühmt geworden bin, habe ich immer nur Termine. Ich mach das alles wirklich gerne, aber es ist mir zu viel geworden. Schule habe ich ja schließlich auch noch. Mit zwölf bin ich entdeckt worden, danach hatte ich irgendwie kein Privatleben mehr. Ständig Aufnahmen im Tonstudio, Auftritte, Foto-Shootings, Interviews – ich brauch mal 'ne Pause!" So brach es aus Cora heraus, und dann kamen wieder ein paar Tränen.

Lilly und Finja hatten geduldig zugehört. Schließlich sagte Lilly: „Das ist total traurig, Cora. Können wir dir irgendwie helfen?"

„Es würde schon helfen, wenn ihr mich nicht Cora nennt, sondern Karo. Ich heiße nämlich eigentlich Karoline Liebermann. Daraus wurde der Künstlername Cora Liebling." Sie grinste schief.

„Also gut. Karo. Aber was können wir sonst tun?"

„Ich hatte irgendwie gehofft, dass ich ein bisschen auf eurer Tour mitfahren kann."

Lilly und Finja sahen einander an. „Ich weiß nicht, ob das geht. Und außerdem – darfst du das überhaupt? Musst du nicht den Film weiterdrehen?"

„Naja, ich spiele die Hauptrolle, und ohne mich können sie nicht weiterdrehen. Aber ohne mich wird der Film auch nicht erfolgreich. Und ich denke, dass ich mir eine kleine Auszeit verdient habe", meinte Karo.

„In unserem Zimmer ist noch ein Bett frei. Willst du erstmal bei uns schlafen?“ Lilly war ein wenig mulmig bei diesem Vorschlag, aber Karo sah einfach zu traurig aus.
Karo schniefte noch ein letztes Mal, dann nickte sie. Gemeinsam schlichen sie zum Zimmer der Mädchen. Die anderen hatten sich abgetrocknet und saßen im Schlafanzug auf ihren Betten. Sie staunten nicht schlecht, wer da zu nachtschlafender Stunde hereinkam.
Mia blieb der Mund offen stehen, und Jo hauchte: „Das kann ja wohl nicht wahr sein. Cora Liebling!“
„Das ist ab jetzt nicht mehr Cora, sondern Karo“, erklärte Finja, und Lilly berichtete, was passiert war. Die anderen Mädchen waren Feuer und Flamme für das Abenteuer. Mia bot Karo ein trockenes Shirt an, Luisa räumte ein Bett für sie frei. Bis spät in die Nacht musste Karo-Cora von ihrem aufregenden, aber auch anstrengenden Leben als Sängerin und Teenie-Star erzählen, nachdem ihre außergewöhnliche Stimme bei einem Gesangswettbewerb aufgefallen war. Die Mädchen hörten gespannt zu und schliefen erst weit nach Mitternacht ein.

8.

UNTERWEGS MIT EINEM STAR

Am nächsten Morgen wurden sie vom Handyklingeln geweckt. „'Tschuldigung", murmelte Karo schuldbewusst. „Die Produktionsleitung von der Filmfirma."

Sie nahm ab, und die Mädchen hörten die Schimpftirade, die Karo über sich ergehen lassen musste. Wo sie stecke, wollte die Produktionsleiterin wissen. Warum sie nicht zum Drehbeginn erschienen sei, und was ihr einfiele, einfach zu verschwinden. Karo verließ das Zimmer, und draußen hörte man sie aufgebracht reden, während die anderen sich anzogen. „Das gibt Ärger!", meinte Kirsten.

„Und wir kriegen bestimmt auch Schimpfe, weil wir sie hier haben übernachten lassen", befürchtete Lilly.

Es wurde alles halb so schlimm. Beim Frühstück gestanden sie den Betreuern, was passiert war. Die waren zwar wenig erfreut, aber ein großes Donnerwetter gab es nicht.

„Ihr wisst schon, dass das nicht in Ordnung ist, einfach wegzulaufen, ohne jemandem Bescheid zu sagen?", sagte Theo streng.

Die Mädchen nickten betreten. Nikolas staunte, was seine kleine Schwester da angezettelt hatte.

„Darf Karo denn nun mit uns kommen?", wagte Lilly zu fragen.

„Das können wir nicht entscheiden", erklärte Theo. „Sie ist minderjährig und muss ihre Eltern fragen."

„Wir können sie auch nicht einfach in unserer Gruppe mitnehmen, schon wegen der Versicherung, aber wir können ihr natürlich nicht verbieten, die gleichen Dinge zu machen wie wir“, ergänzte Geli, heute im Raubtierlook mit Tigerstreifen.
Nach dem Frühstück trafen sich alle draußen. Karo berichtete, dass ihre Filmfirma zwar sauer sei, aber eingesehen habe, dass sie eine Pause brauche. „Ich darf endlich mal Ferien machen und ein bisschen Freizeit genießen. Meine Eltern haben auch zugestimmt, allerdings unter der Bedingung, dass Tom, mein Bodyguard, dabei ist. Die Filmfirma organisiert gerade alles, Fahrräder und so. Dann schließen wir uns euch an.“ Karo strahlte. „Bis Runkel sind wir dabei, und dort habe ich dann den nächsten Dreh auf der Burg.“
Hinter der Gruppe hörten sie mit einem Mal Getuschel.
Ein Junge und ein Mädchen traten auf Karo zu. „He, du bist doch Cora Liebling?! Dürfen wir ein Selfie mit dir machen? Wir sind riesengroße Fans!“
Cora-Karo setzte schnell ihr professionelles Lächeln auf und ließ sich mit den Fans fotografieren. Die beiden strahlten und gingen davon.
„Du bist echt berühmt!“, sagte Nikolas anerkennend. Karo seufzte.
Kurz darauf rollte die pinke Limousine heran. Der Mann mit Sonnenbrille und Anzug stieg aus und lud zwei Fahrräder aus.
„Das ist Tom, mein Beschützer“, stellte Karo ihn vor und knuffte ihn freundschaftlich in die Seite. „Er ist ein bisschen schweigsam, aber ein netter Kerl.“ Tom verzog keine Miene.
„Tom wird darauf achten, dass keiner mitkriegt, dass ich hier bin. Es ist oft ein bisschen lästig, wenn man überall erkannt wird, das habt

ihr ja gerade gesehen. Ich mag meine Fans echt, aber manchmal hätte ich auch einfach gern meine Ruhe."

Wortlos reichte Tom Karo eine große verspiegelte Brille und eine Kappe zur Tarnung. Der Fahrer der Limousine erkundigte sich, wohin er Karos Gepäck bringen sollte.

„Ja, genau, was machen wir heute?", fragte Nikolas.

„Zuerst besuchen wir das *Besucherbergwerk Grube Fortuna* in Oberbiel und übernachten zwei Nächte im *Outdoor Zentrum Lahntal*. Danach geht es mit Kanus die Lahn hinunter", kündigte Theo an.

„Jippie!"

„Kanufahren macht voll Spaß!"

„Dann übernachten wir endlich in Tipis?"

Theo nickte. Darauf hatten sich Nikolas, Lilly und die anderen schon lange gefreut.

So kam es, dass sich zwölf Berliner Kinder, vier sportlich gekleidete Betreuer, eine berühmte junge Sängerin und ein Bodyguard im schwarzen Anzug mit dem Rad auf den Weg zur *Grube Fortuna* machten. Kurz vor dem Ziel erspähten sie einen Kirchturm direkt über einem steilen Abhang.

„Was ist das für eine Kirche?", fragte Lilly.

„Wollen wir da vorbeifahren? Da oben hat man bestimmt einen guten Ausblick", vermutete Nikolas.

Theo stoppte die Gruppe. „Ich weiß nicht, wie man dahin kommt, der Radweg führt anscheinend nicht dort vorbei."

Er sah sich um. Aus dem Waldweg neben ihnen bog gerade ein Radfahrer ab und hielt an.

„Hi! Ihr seht aus, als ob ihr nach dem Weg sucht", sagte er.

„Ja, wir möchten zu der Kirche da oben, wissen aber nicht, wie wir hinkommen."

„Das ist *Kloster Altenberg*. Wenn ihr mögt, bringe ich euch hin. Ich bin übrigens Ernst-Günter", stellte er sich vor. Die Kinder grinsten.

„Gern! Aber wir wollen Sie nicht aufhalten", sagte Theo.

Ernst-Günter winkte ab. „Kein Problem, ich habe Zeit und freue mich, wenn ich euch ein bisschen was von meiner Heimat zeigen kann."

„Dann vielen Dank!" Sie folgten Ernst-Günter einen steilen Trampelpfad hinauf und mussten die Räder schieben.

Durch ein hölzernes Gatter gelangten sie mitten in eine Klosteranlage. Eine Klosterkirche, Fachwerkhäuser, Bruchsteinmauern und ein Klostergarten umschlossen einen Innenhof.
„Was für ein schönes Fleckchen!“, rief Birte überrascht aus. Außerdem hatte man tatsächlich vom Kloster aus einen großartigen Blick über das Lahntal.
Claudius informierte sich rasch per Google über das Kloster. „In diesem Kloster haben Prämonstratenserinnen gelebt. Erinnert ihr euch noch an die heilige Elisabeth von Marburg? Ihre Tochter Gertrud war hier Äbtissin“, sagte er.
Sie nahmen sich die Zeit, die Klosterkirche mit ihrem prunkvollen Altar und den prächtigen Wandgemälden anzusehen. Anschließend wies Ernst-Günter ihnen den Weg zur *Grube Fortuna* und verabschiedete sich.
Sie erreichten das Grubengelände über einen kurvenreichen Waldweg und trafen Herrn Peusch, der mit ihnen ins Bergwerk einfahren sollte. Während die Jungs sich zunächst das *Bergbaumuseum* ansahen, gingen die Mädchen und Tom unter Tage. Sie wurden zum Schutz mit Kitteln und Helmen ausgestattet. Lilly kicherte halblaut.
„Was ist denn?“, fragte Finja.
Lilly deutete auf Tom. „Das sieht total albern aus, der schwarze Anzug und dann Kittel und Helm dazu.“ Auch Finja musste lachen.
„Wir werden nun 150 Meter tief in den Berg einfahren. Unten bringt uns die Grubenbahn in den Bereich, wo früher das Eisenerz abgebaut wurde, und wir schauen uns die Originalmaschinen an“, erklärte Herr Peusch und öffnete ein riesiges Tor im Berg.

„Gott segne den Bergbau“ stand darüber.
Ein eiserner Förderkorb brachte sie nach unten. Sie passierten vier Sohlen – Stockwerke des Bergwerks.
„Hui, ganz schön schnell“, rief Lilly.
„Ja, wir fahren mit einer Geschwindigkeit von vier Metern pro Sekunde.“
Schon waren sie unten angekommen. Sie stiegen um in eine kleine Bahn, die auf Schienen durch eine enge Strecke in den Abbaubereich rumpelte. Tropfsteine waren zu sehen.
„Das Gebirge über uns besteht aus Kalk, und in dem Wasser, das hier hindurch sickert, lagern sich winzige Kalkbestandteile ab. So entstehen nach und nach über viele Jahre diese hübschen tropfenförmigen Ablagerungen“, erklärte Herr Peusch.
In einem originalen Grubenbau führte er einen Presslufthammer vor, dessen Bohrkopf sich mit viel Getöse ins Gestein fräste. Die Mädchen hielten sich die Ohren zu, nur Tom stand unbeweglich wie immer neben Karo.
„Ganz schön laut, oder?“, meinte Herr Peusch. „Das abgebaute Erz hat man früher in kleinen Förderwagen zum Förderkorb gebracht, nach oben transportiert und in einer Seilbahn zum Verladen zur Eisenbahn ins Lahntal befördert.“
„Gibt es die Seilbahn noch?“, wollte Lilly wissen. Herr Peusch schüttelte den Kopf. „Leider nein.“
„Schade, da wäre ich auch gerne mal mitgefahren.“
Wieder oben angekommen, atmeten die Mädchen die frische Luft tief ein. Das tat gut!

„Ich kann mir gar nicht vorstellen, dass die Bergleute früher den ganzen Tag dort unten waren, ohne Tageslicht und frische Luft und bei dem Lärm“, sagte Lilly.

Anschließend tauschten die Gruppen zwischen *Bergbaumuseum* und Grube. Im *Feld- und Grubenbahnmuseum* nebenan gab es Lokomotiven, Grubenbahnen, eine Schmiede und eine Dampflok namens Monika zu sehen. Karo kletterte hinein, alberte herum und imitierte Eisenbahngeräusche.

Sie war sichtlich besser drauf als am Abend zuvor. Die Auszeit schien ihr gutzutun. Die anderen kicherten mit ihr, nur Tom verzog keine Miene. Er ließ Karo keine Sekunde aus den Augen.

Nach der gemeinsamen Mittagspause brachen sie wieder auf. „Auf geht's ins Tipidorf!“, rief Theo.

Der Weg zum *Outdoor Zentrum Lahntal* führte zum großen Teil bergauf, und die Kinder kamen tüchtig ins Schwitzen.

„Hessen ist echt bergig!“, stellte Nikolas stöhnend fest.

„Ich will gar nicht wissen, wie warm Tom in seinem Anzug sein muss“, schnaufte Lilly.

Karo zuckte die Achseln. „Er muss den ja nicht tragen, aber er findet, er sieht so furchteinflößender aus.“

Das *Outdoor Zentrum Lahntal* lag mitten im Wald. Neben den Tipis gab es einen Hochseilgarten, einen Waldspielplatz mit Seilbahn, ein Stelzenhaus, ein Hobbitschlösschen, einen großen überdachten Biergarten und zu Lillys großer Freude jede Menge Tiergehege. Esel, Ponys, Ziegen, Hasen, Schildkröten und Vögel lebten hier, aber besonders angetan hatten es Lilly die Alpakas.

Nachdem sie festgestellt hatte, dass eines der Alpakas Lilli hieß, war sie überhaupt nicht mehr zu bremsen. „Oh, sind die süß! Die sehen so flauschig aus. Ich würde sie total gerne mal streicheln."
„Ja, ich auch!", sagte Finja. Lilly lächelte sie an.
Eine Frau in einem hellen Leinenkleid trat neben sie. „Natürlich kannst du die Alpakas streicheln. Das mögen sie gerne. Ihr macht doch nachher einen Waldspaziergang mit den Tieren, da könnt ihr einander kennenlernen."
Lilly machte große Augen. „Wirklich? Wir gehen mit den Tieren in den Wald?"
Die Dame nickte. „Ich bin übrigens Sanni. Herzlich willkommen im *Outdoor Zentrum Lahntal*".
Im selben Moment brauste ein Mann auf einem Quad heran und begrüßte die Kinder ebenfalls. „Hallo, ich bin Manni, ich bringe euch zu den Tipis."
Sie folgten ihm ein paar Schritte bergab zum Tipi-Taldorf, wo sich fünf Tipis mit Feuerstelle und Sitzplätzen um einen kleinen Teich gruppierten. Weiter oben gab es noch ein Tipi-Bergdorf.
Nachdem sie sich eingerichtet hatten, suchte jedes Kind sich einen tierischen Partner aus, und sie trabten los. Lilly führte natürlich Lilli, das Alpaka. Nikolas hatte Schwierigkeiten, seinen störrischen Esel-Kameraden zum Weitergehen zu bewegen. Karo hatte sich eine gefleckte Ziege ausgesucht. Ein weißes Alpaka hatte sich offenbar in Tom verliebt und wich nicht von seiner Seite. Im Nu war sein schwarzer Anzug mit weißen Alpaka-Haaren übersät.
Karo machte sich über ihn lustig. „He, Tom, du fusselst."

„Nee, er hat Haarausfall", gackerte Hannes.

„Ach was, ohne ein paar Alpakahaare ist man doch nicht richtig angezogen!" Nikolas grinste. Tom ertrug Haare und Spötteleien mit stoischer Ruhe.

Waren die Kinder zu Beginn der Wanderung noch völlig aufgedreht gewesen, kamen sie nun allmählich zur Ruhe. Die gleichförmigen Bewegungen der Tiere, die leisen Naturgeräusche und der sanfte Wind, der durch die Bäume strich, übertrugen sich auf die Gruppe. Auch Sanni, die voranging, strahlte eine große Gelassenheit aus. Nach einer Weile passierten sie ein vergittertes Tor. Dahinter führte ein Gang in einen Berg hinein.

„Was ist das für ein Eingang?" erkundigte sich Nikolas interessiert.

Sanni lächelte. „Das ist das Stollenmundloch der *Grube Emma*, ein Eingang zum ehemaligen Bergwerk. Die Grube ist lange stillgelegt. Hier wurde Eisenerz gefördert, das war sehr verbreitet in dieser Region."

Nikolas nickte. „Das wissen wir, wir haben eben die *Grube Fortuna* besichtigt." Die anderen warfen ebenfalls interessierte Blicke in den dunklen Stollen.

Sie verließen den Wald und erreichten über einen Feldweg eine von Bäumen umstandene Lichtung. Zwischen den Bäumen standen Skulpturen aus Holz, darunter ein Wal, ein Engel, blankpolierte

Kugeln und außergewöhnlich gemaserte Quader aus Holz. Die Sonne tauchte die Szenerie in ein goldenes Licht.

Die Kinder erkundeten den Skulpturenpark mit den Tieren. „*Skulpturenpark Siegfried Fietz*“ stand dort in einen Holzblock geschnitzt neben einem riesigen Notenschlüssel. Nikolas drückte Berat kurz das Halfter seines Esels in die Hand, um Lilly mit ihrem Alpaka vor einem Steinkreis zu fotografieren.

Karo – dicht gefolgt von Tom – war inmitten der Bäume auf eine kleine Freilichtbühne gestoßen. Im Halbkreis waren Baumstämme zum Sitzen um eine hölzerne Bühne angeordnet. Karo ließ Tom ihre

Ziege halten und kletterte auf das kleine Podest. Sie begann im Takt zu klatschen und schmetterte aus voller Brust ihren großen Hit. „Pink ist für Prinzessinnen, aber nicht für mich. Bunt ist meine Lieblingsfarbe, ich bleib einfach ich."

Die anderen hatten sich überrascht umgedreht und liefen zur Bühne. Finja und Lilly setzten sich mit ihren Tieren begeistert in die erste Reihe und klatschten im Takt. „Werden die Tiere nicht unruhig von der Musik?", erkundigte sich Birte besorgt.

Sanni winkte ab. „Nein, das sind sie gewöhnt. Im *Outdoor Zentrum Lahntal* finden auch oft Konzerte statt. Die junge Dame ist wirklich eine großartige Sängerin." Das fanden alle anderen auch. Nachdem Karo ihren Vortrag beendet hatte, brandete Beifall von den Zuschauerrängen auf. Sogar der Esel an Nikolas' Seite gab ein fröhliches „I-aaaah" von sich.

Karo sprang von der Bühne. „'Tschuldigung, ich konnte nicht anders", sagte sie. „Ich singe einfach zu gerne. Nur der ganze Rummel drum rum, der ist mir manchmal zu viel."

Finja sah sie bewundernd an: „Du kannst echt toll singen. Ich singe auch gern, aber ich hab mich noch nie vor Leuten getraut."

„Das musst du unbedingt mal probieren, es macht großen Spaß, auf einer Bühne zu stehen", ermunterte Karo sie.

Sanni kam auf sie zu. „Wie wäre es, wenn du mal ein Lied mit Singa, meinem Sohn, zusammen singen würdest", sagte Sanni. „Er macht auch Musik. Wenn ihr mögt, treffen wir uns heute Abend am Lagerfeuer."

„Gerne!" Karo strahlte.

Sie erntete von allen Seiten Zustimmung, und die Gruppe machte sich auf den Rückweg zum Tipidorf. Dort gab es Würste und Gemüse vom Grill und ein tolles Salatbuffet. Nach dem Essen versammelten sich alle unter dem großen Dach des Biergartens. Karo hatte sich mit Singa abgesprochen, und die beiden sangen gemeinsam mehrere Lieder. Claudius begleitete sie auf der Gitarre. Als Letztes sang Karo noch einmal „Pink ist für Prinzessinnen“ und bestand darauf, dass Finja mitsang.

Das Mädchen nahm allen Mut zusammen und ließ sich überzeugen. Finja hatte eine schöne Stimme, nicht so kräftig wie die von Karo, aber sie traf alle Töne und hatte sichtlich Spaß. Lilly filmte Finja mit deren Handy und anschließend schickte Finja den kurzen Clip an ihre Eltern. Es dauerte nur wenige Minuten, bis Finjas Mama antwortete und ihrer Tochter zu dem gelungenen Auftritt gratulierte. Sie entschuldigte sich, dass sie sich vorher nicht gemeldet hatte, aber sie hatte eine erkrankte Kollegin vertreten und Überstunden machen müssen. Vor lauter Arbeit hatte sie vergessen zu antworten.

„Finja kann gut singen. Ich hätte nie gedacht, dass sie sich das traut“, tuschelte Kirsten ihrer Freundin Jo zu.

„Und eben hat sie mir die letzte Wurst überlassen. Das war echt nett“, gab Jo zurück.

Lilly, die zugehört hatte, drehte sich zu ihnen um. „Na endlich begreift ihr es! Ihr könnt ruhig auch ein bisschen netter zu Finja sein!“

Als sie schließlich nebeneinander im Tipi lagen, fragte Lilly Finja: „Was stand denn heute auf dem Trost-Zettelchen?“ Finja lächelte. „Heute bin ich so froh, dass ich keinen Trost brauche.“

9.

EINE UNHEIMLICHE BEGEGNUNG

Während die anderen nach dem anstrengenden Tag müde waren, konnte Nikolas nicht einschlafen. Er grübelte über den Stolleneingang nach, den sie im Wald gesehen hatten. Ob man dort hinein konnte? Wohin der Gang wohl führte? Genauso tief unter die Erde wie in der *Grube Fortuna*? Nikolas bemerkte, dass auch Leo sich unruhig hin und her wälzte.

„Psst, Leo! Lass uns noch mal rausgehen“, flüsterte Nikolas. Er stand auf, nahm Jacke und Taschenlampe und schlich nach draußen. Leo folgte ihm leise. Vor dem Tipi erklärte Nikolas, was er vorhatte.

„Du willst zu diesem Stollen? Jetzt? Im Stockfinstern?“ Leo machte große Augen.

„Ich will mir das genauer ansehen mit meiner Taschenlampe. Kommst du mit?“

Leo nickte, zückte sein Handy und schaltete die Taschenlampenfunktion ein.

Die beiden hatten einen guten Orientierungssinn, im Dunklen jedoch sah die Sache ganz anders aus. Zum Glück stand der Mond inzwischen hoch am Himmel und spendete ihnen Licht. Sie stolperten durch das Unterholz, bis sie den Eingang des Stollens fanden. Nikolas drückte die Klinke des eisernen Tores herunter – doch vergeblich. Das Tor war verschlossen.

„So ein Mist!“, schimpfte Nikolas. Sie sahen sich um, doch es gab keinen anderen Eingang.
„Komm, lass uns wieder gehen“, seufzte Leo müde und enttäuscht. Gerade als sie sich zum Gehen umwenden wollten, hörten sie in der Nähe ein Rascheln. Es folgte Stille, dann wieder Rascheln.
„Was ist das?“ Nikolas richtete seine Taschenlampe auf den Boden und entdeckte eine Stelle, an der sich Gras und trockene Blätter bewegten. Er ging näher heran. Dort flatterte und zappelte etwas.
„Ein Tier?“
Sie beugten sich hinunter und erkannten ein graubraunes pelziges Bündel mit Flügeln.
„Eine Fledermaus“, rief Nikolas erleichtert. Sie war nicht größer als Nikolas' Handfläche, ihre Flügel jedoch hatten eine enorme Spannweite. Offenbar versuchte sie zu fliegen, schaffte es aber nicht, vom Boden hochzukommen.
„Sie ist verletzt“, nahm Leo an.
„Wir müssen sie mitnehmen“, sagte Nikolas.
„Und dann?“
„Weiß ich auch nicht. Aber wir können sie doch nicht liegen lassen.“
„Beißt die?“ Leo schauderte.
„Klar beißt die! Sie saugt dein Blut aus, und du wirst zum Vampir!“, flüsterte Nikolas mit unheilschwangerer Stimme und zwickte Leo in den Nacken. Dieser erschrak und kreischte auf.
„Nee, natürlich nicht! Die Fledermaus könnte dich zwar beißen, aber sie frisst dich nicht! Die frisst Insekten, du Spinner!“ Nikolas lachte, zog seine Jacke aus, und nach zwei Versuchen gelang es ihm, mit

der Jacke die Fledermaus zu greifen und hineinzuwickeln. Das Tier flatterte noch aufgeregter als vorher, beruhigte sich aber, während die Jungs zurückliefen.
„Was machen wir denn jetzt mit ihr?“, überlegte Leo.
„Vielleicht bringen wir sie zum Tierarzt?“ Nikolas dachte nach. „Ob sich ein normaler Tierarzt mit Fledermäusen auskennt? Oder braucht sie einen Spezial-Tierarzt?“
„In Wetzlar gibt es doch die Drachenbeauftragte. Vielleicht gibt es auch einen Fledermausbeauftragten?“
Inzwischen hatten sie den Eingang des *Outdoor Zentrums Lahntal* erreicht. Kurz bevor sie zum Tipidorf abbogen, begegnete ihnen Manni. „Na, Jungs, so spät noch unterwegs?“
„Oh, hast du uns erschreckt!“, japste Leo.
„Wir haben eine verletzte Fledermaus gefunden.“ Nikolas hielt Manni seine Jacke hin, in der es ruhig geworden war. „Hast du eine Idee, wie wir ihr helfen können? Kennst du einen Fledermausbeauftragten?“
Manni schmunzelte. „Ja, zufällig kenne ich den wirklich. Der ist sogar ganz hier in der Nähe. Aber jetzt kommt erst mal mit.“
Die Jungs folgten ihm in einen Schuppen. Gemeinsam wickelten sie die Fledermaus aus Nikolas' Jacke und legten sie in eine Kiste.
„Ist sie tot?“, fragte Nikolas besorgt.
„Nein, sie atmet. Vermutlich ist sie vor Erschöpfung eingeschlafen oder stellt sich tot. Sie hat ihre Körpertemperatur der Umgebung angepasst, deshalb fühlt sie sich so kühl an.“
„Stimmt.“ Nikolas fiel wieder ein, was er im Urlaub an der Ostsee gelernt hatte. „Die können ihre Temperatur regulieren.“

Manni nickte und holte eine Schale mit Wasser und einen Teelöffel. Als er der Fledermaus mit dem Löffel ein wenig Wasser anbot, regte sich das Tier und trank. Dann holte Manni eine Glasplatte, legte sie über die Kiste, die einige Luftlöcher hatte, und sagte: „Wir lassen Batman jetzt schlafen und rufen morgen die Fledermausexperten an."

Die Jungs waren zufrieden und inzwischen auch müde. Sie schlichen ins Tipi und schlüpften unbemerkt in ihre Schlafsäcke.

Als sie die Augen wieder öffneten, wuselten die anderen schon zwischen den Tipis und den Waschräumen hin und her, während Birte über dem Feuer Rührei zubereitete.

Nikolas nahm seine Schwester beiseite. „Stell dir vor, ich hab gestern Nacht eine verletzte Fledermaus gerettet!"

Lilly sah ihren Bruder skeptisch an. „Im Ernst?!"

„Ja, ehrlich. Frag Leo, der war dabei."

„Und wo ist sie jetzt? Ich will sie sehen!" Lilly liebte Tiere, und auch sie hatte Fledermäuse nach der Rettungsaktion an der Lübecker Bucht liebgewonnen.

„Vermutlich schläft sie noch, jedenfalls hat sie gestern Abend geschlafen."

In diesem Moment kam Manni auf das Tipidorf zu. „Einen schönen guten Morgen wünsche ich. Ich habe gerade mit den Experten vom *Fledermaushaus* telefoniert. Ich werde das Tierchen gleich zu ihnen bringen. Heute Abend seid ihr eingeladen, das *Fledermaushaus* zu besichtigen, es ist gleich hier im Ort. Bei der Gelegenheit könnt ihr schauen, wie es der Fledermaus geht. Sie scheint es ganz gut überstanden zu haben."

„Jippie!“ Leo, Nikolas und Lilly freuten sich.
Die anderen sahen sie verwirrt an.
„Was hat das zu bedeuten?“, fragte Theo.
Leo sah betreten zu Boden.
„Wir – also, wir waren heute Nacht noch mal im Wald. Wir wollten uns den Stollen ansehen. Und dabei haben wir eine verletzte Fledermaus gefunden. Manni hat uns geholfen, sie zu versorgen“, druckste Nikolas herum.
„Ja, seid ihr denn von allen guten Geistern verlassen?“, polterte Theo. „Nachts alleine im Wald. Was da alles hätte passieren können!“
„Aber es ist doch nichts passiert“ Nikolas machte den kläglichen Versuch einer Verteidigung.
„Das spielt überhaupt keine Rolle. Wir haben hier die Verantwortung für euch, und eigentlich müsste ich euch von euren Eltern abholen lassen, weil ihr euch nicht an die Regeln gehalten habt.“
Nikolas wurde blass. Au Backe, bloß nicht, dachte er.
„Ich werde das jetzt nicht tun, aber betrachtet das als gelbe Karte. Noch so eine Aktion, und ihr seid raus! Das gilt auch für alle anderen!“
Die Kinder lauschten stumm der Gardinenpredigt. Dann brach Lilly das Schweigen. „Dürfen wir jetzt die Fledermaus sehen?“
„Ja, meinetwegen.“ Theo hatte sich wieder beruhigt.
Leise begutachteten sie das Tier in der warmen Box, das regelmäßig atmete und zu schlafen schien.
„Das ist super, dass wir dieses *Fledermaushaus* sehen können, vielen Dank, Manni!“, sagte Leo.

„Keine Ursache.“

„Aber was machen wir tagsüber?“, wollte Meryem wissen.

„Wir besuchen die *Glockenwelt* auf *Burg Greifenstein*“, sagte Geli.

Mit den Rädern folgten sie dem *Ulmtal-Radweg*. „Hier fuhr früher der Balkan-Express, eine Bahn, mit der man Eisenerz transportierte. Heute nutzt man die schöne, ebene Strecke als Radweg“, erklärte Claudius.

Sie passierten sogar den alten Bahnhofsunterstand in Ulm, den man samt Stationsschild hatte stehen lassen. Gleise gab es jedoch keine mehr.

Nach einer Weile erblickten sie in einiger Entfernung die mächtige *Burg Greifenstein.* Unverkennbar ragten die Doppeltürme – zwei Bergfriede nebeneinander – in den Himmel. Theo zahlte Eintritt an der Pforte, und sie erkundeten die Burg, erklommen Treppen, erforschten versteckte Durchgänge und balancierten über Mauern.
„Die Burg sieht ein bisschen aus wie *Burg Gleiberg*", fand Lilly. Sie stupste Karo an. „Weißt du noch, in der *Burg Gleiberg* habe ich gesehen, wie du für deine Rolle geprobt hast? Ich hab gedacht, du wärst entführt worden und Tom wäre dein Kidnapper."
Karo und Lilly lachten, und sogar Tom konnte sich ein Grinsen nicht verkneifen.
Karo sank theatralisch in eine dunkle Ecke des Burggemäuers. „Hilfe! Zu Hilfe!"
Ihr lauter Ruf lockte die anderen an. Karo wiederholte den Text ihrer Filmrolle als entführte Prinzessin: „Oh, Vater, werde ich dich wohl jemals wiedersehen? Niemals wird jemand das Versteck finden, in dem ich schmachte. Elend werde ich zugrunde gehen." Sie übertrieb dabei dermaßen, dass die anderen sich vor Lachen die Bäuche hielten.
Als sie sich einigermaßen beruhigt hatten, betraten sie die *Glockenwelt*. Auf drei Etagen gab es Glocken verschiedenster Art und Größe zu sehen und natürlich auch zu hören. Mannshohe Kirchturmglocken, kleine, aber durchdringende Schiffsglocken und sogar Fahrradklingeln.
Claudius erläuterte, dass eine Glocke mittels einer in den Boden eingelassenen Form aus Lehm hergestellt wurde, in die man flüssige Bronze goss. Dazu rezitierte er salbungsvoll: „Festgemauert in der

Erden, steht die Form aus Lehm gebrannt. Heute muss die Glocke werden! Frisch, Gesellen, seid zur Hand!"
Julian verdrehte die Augen, Lilly und Jo stöhnten.
„Das ist doch garantiert wieder von Goethe!", vermutete Nikolas.
Claudius lachte. „Reingefallen! Nein, das ‚Lied von der Glocke' ist von Friedrich Schiller, dem zweiten großen deutschen Dichter. Seid froh, wenn ihr es in der Schule nicht auswendig lernen müsst, es ist unfassbar lang!"
Im untersten Stockwerk hing ein Dutzend großer Glocken, die die Kinder mit Gummihämmern zum Klingen bringen durften. Die Jungs hämmerten ein bisschen herum. Claudius spielte zwei Glocken an und lauschte.
„He, das klingt ja wie der Anfang von ‚Hänschen klein'!", rief Lilly. „Lass mich bitte auch mal."
Lilly wiederholte die Töne, und Nikolas fand die beiden nächsten. Kurz darauf spielten sie zum Vergnügen der übrigen Gruppe den ganzen Liedanfang. Anschließend verließen sie das Museum.
Auf dem Nachhauseweg war es bereits wieder heiß geworden. Deshalb wagten sich Nikolas, Lilly, Mia, Luisa und Julian zusammen mit Geli – im neongrünen Bikini – zur Abkühlung in den Teich vor den Tipis, der jedoch nur knietief war. Die anderen stärkten sich mit den Resten vom Grillbuffet am Abend zuvor.
Berat daddelte auf seinem Handy herum. Plötzlich sprang er auf und lief zu Karo. „Sieh mal hier, das ist doch das Foto mit deinen Fans von gestern!", rief er.
„Stimmt", nickte sie. „Wo hast du das her?"

„Das hat mir ein Freund von zu Hause geschickt. Und der hat es von einer deiner Fanseiten. Die haben rausgekriegt, dass du hier in Hessen bist, und ein paar Fans suchen dich jetzt.“

Karo rollte mit den Augen. „Och nee, hat man denn nirgends seine Ruhe?“ Sie gab Tom Bescheid, der ja für ihre Sicherheit verantwortlich war. „Ich glaube aber nicht, dass die mich hier finden, das ist doch total abgelegen“, meinte sie und ließ es dabei bewenden.

Am Abend erklärte ihnen Manni den Weg zum *Fledermaushaus* in der Ortsmitte von Allendorf. Einst war es ein Wohnhaus auf dessen Dachboden sich eine Kolonie der Fledermausgattung „Großes Mausohr“ eingenistet hatte. Inzwischen hatte man es in ein Infozentrum für Fledermausfreunde verwandelt. Sie erreichten das Haus und wurden von dem Fledermausexperten Rudolf Fippl begrüßt.

„Ah, da sind ja die Fledermausretter. Dann lasst uns einmal schauen, wie es eurem Schützling geht."
Während Nikolas berichtete, wie sie die Fledermaus gefunden und versorgt hatten, holte Herr Fippl einen kleinen Käfig hervor, in dem die gerettete Fledermaus saß und bereits wieder kräftig mit den Flügeln schlug.
„Ich glaube, es geht ihr ganz gut", sagte der Fledermausexperte. „Vermutlich war sie gestern Nacht etwas geschwächt und dehydriert. Ihr habt alles richtig gemacht und ihr Wasser gegeben. Ihr habt sie am Eingang der *Grube Emma* gefunden? Dort überwintern die Fledermäuse, deshalb hat sie sich vielleicht dorthin verirrt."
Dann betraten sie das Haus. Im unteren Stockwerk konnte man eine Menge über Fledermäuse erfahren. Herr Fippl führte den „Bat Detektor" vor, ein Gerät, dass die hochfrequenten Laute, mit denen Fledermäuse sich auf der Insektenjagd orientierten, für Menschen hörbar macht. In schnellem Rhythmus kamen die Töne.
„Ganz schön geschwätzig, die Mäuse!", kicherte Finja.
Sie durften sogar eine zahme Fledermaus streicheln, die man gefunden und aufgepäppelt hatte. In freier Wildbahn hätte sie mit ihrem gebrochenen Flügel nicht überlebt. Lilly durfte sie als Erste füttern und reichte ihr Mehlwürmer mit einer Pinzette.
Auf dem Dachboden lebten im Sommer über 1000 Fledermäuse und zogen ihre Jungen groß. Über eine Infrarotkamera konnte man sie beobachten. Dicht gedrängt und wie ineinander verwoben hingen sie an den Dachbalken.

Als es dämmerte, konnten die Kinder beobachten, wie der riesige Schwarm der Fledermäuse den Dachboden durch eine Luke verließ und sich auf Insektenjagd machte. Auch die gerettete Fledermaus durfte sich nun wieder mit ihren Artgenossen auf Futtersuche machen. Herr Fippl öffnete den Käfig, und sie flatterte mit kräftigen Flügelschlägen davon. Nikolas sah ihr stolz hinterher. Auf dem Heimweg überboten sie sich damit, wer die meisten Fledermäuse durch die Lüfte schwirren sah. Auch über die Wasseroberfläche des kleinen Teiches im Tipidorf sah man sie fliegen.

Obwohl Finja den ganzen Tag über fröhlich gewesen war, las sie im Tipi gemeinsam mit Lilly einen Zettel aus der Trostbox.

„Sing ein Lied, wenn Du traurig bist, dann bekommst Du gute Laune!", stand dort.

Finja grinste und begann zu singen: „Pink ist für Prinzessinnen..." Die anderen Mädchen und auch Karo stimmten mit ein. Am Ende rief Lilly: „Unn Wetzlaaa! Net vergesse, Wetzlaaa!" Die Mädchen lachten, bis sie fast keine Luft mehr bekamen.

10.

LAHNABWÄRTS MIT DEM KANU

Am nächsten Morgen hieß es Abschied zu nehmen vom *Outdoor Zentrum Lahntal*, denn die Kanutour sollte beginnen. Manni brachte die Kinder zur Anlegestelle und ließ sie in Gruppen die Kanus ans Lahnufer tragen. Er wies sie in die Technik des Paddelns und die Handhabung von Schleusen ein und verteilte wasserdichte Tonnen für das Handgepäck.

Jeder bekam eine Schwimmweste, und sie teilten sich zu zweit oder zu dritt ein Boot. Tom zog die gelbe Weste ungerührt über seinen Anzug. Karo knuffte ihn in die Seite „Mensch, Tommy, zieh doch was Bequemes an!" Tom schüttelte nur stumm den Kopf.

Sie stiegen in die Boote, und nun ging es los. Die Kanus schwankten auf den ersten Metern gewaltig, doch als die sanfte Strömung in der Flussmitte sie langsam ergriff, stabilisierten sich die Boote. Theo paddelte voran, Geli bildete das Schlusslicht.

„Unsere nächste Station heißt Weilburg. Wir übernachten dort auf dem Campingplatz, schauen uns die Stadt, eine *Kristallhöhle* und eine *Burgruine* an", verkündete Theo.

Nachdem sich alle mit dem Paddeln vertraut gemacht hatten, glitten die Kanus gemächlich auf der glitzernden Wasseroberfläche dahin. Wiesen, Wälder, Dörfer und die *Laneburg* bei Löhnberg – Birte hatte rasch gegoogelt – zogen vorbei.

Sie winkten Menschen am Ufer zu und freuten sich, dass die meisten zurückwinkten. Nikolas, Leo und Berat lieferten sich ein Wettrennen mit Hannes und Julian.

Nach zwei Stunden Fahrt auf dem sich sanft dahinschlängelnden Fluss erreichten sie Weilburg. Hoch auf dem Berg thronten die ersten Häuser.

Theo verlangsamte sein Tempo, bis alle zu ihm aufgeschlossen hatten. „Die Lahn fließt hier in einer großen Schleife um Weilburg herum, aber was haltet ihr davon, wenn wir eine Abkürzung durch den Tunnel nehmen?"

„Einen Tunnel?" Mia machte große Augen.

„Ist das dein Ernst?", fragte Nikolas.

„Einen Tunnel für Boote gibts doch nicht. Du veräppelst uns!" rief Lilly.

Aber Theo schüttelte den Kopf. „Doch, den *Schiffstunnel* gibt es wirklich. Es ist der älteste und längste in ganz Deutschland, und wir fahren jetzt gleich durch ihn hindurch!"

Und tatsächlich, nach ein paar Hundert Metern zweigte der Fluss links in eine schmale Einmündung ab und verschwand in einer gemauerten Öffnung.

„Ich hab ein bisschen Angst. Es sieht dunkel aus da drin", flüsterte Finja.

Karo machte ihr Mut. „Keine Sorge, Tom ist doch da, der beschützt uns."

Sie wandte sich an ihren Bodyguard. „Aber die Sonnenbrille solltest du da drin vielleicht absetzen, hm?"

Schon hatten sie die Mündung des Tunnels erreicht und fuhren ins Dunkel.

„Keine Panik, der Tunnel ist nur 195 Meter lang. Es hat vier Jahre gedauert, ihn zu bauen, und als er fertig war, dauerte es nicht lange, bis man ihn nicht mehr brauchte, weil immer weniger Schiffe auf der Lahn fuhren", erzählte Claudius.

Glücklicherweise sahen sie am anderen Ende bereits wieder Tageslicht. Finja atmete auf.

Nach dem Tunnel trafen sie auf eine Schleuse. Sie musste von zwei Personen bedient werden und überwand knapp fünf Meter Höhenunterschied. Theo stieg aus und bat Nikolas, ihm zu helfen. Sie öffneten mit großen Hebeln die oberen Schleusentore. Dann fuhren alle Boote in die Schleusenkammer. Theo und Nikolas schlossen die oberen Tore und die Schütze – Schieber, die den Wasserdurchfluss regelten – wieder und öffneten stattdessen die unteren Schütze. Langsam sank der Wasserspiegel, bis schließlich die unteren Tore geöffnet werden und die Boote die Schleuse verlassen konnten. Jetzt war es nicht mehr weit bis zum Jugendzeltplatz direkt am Lahnufer. Dort legten sie an, verließen die Boote und zogen sie an Land.

„Hurra, hier gibt es auch wieder Tipis!“, jubelte Lilly. Sie verteilten sich auf die Zelte. Lilly, Finja und Karo schlugen ihr Lager nebeneinander auf und ruhten sich vom Paddeln aus.

Anschließend brachen sie nach Weilburg auf. Vor dem Zeltplatz bemerkten sie, dass die Stadt am anderen Flussufer lag. Eine Brücke war nicht zu sehen.

„Und wie kommen wir jetzt da rüber?“, fragte Lilly.

„Ihr könnt doch alle schwimmen“, sagte Geli ungerührt. „Zieht euch aus, balanciert eure Kleider auf dem Kopf und schwimmt.“

„Echt jetzt?“

Geli musste über die entsetzten Blicke der Kinder lachen. „Nein, natürlich nicht. Lasst euch überraschen."
Sie folgten einem schmalen Weg durch den Wald, und Theo lotste sie am Fluss entlang bis zu einer Schiffsanlegestelle. „Heute, am Sonntag, fährt hier das *Rollschiff*, Hessens kleinste Fähre."
„Das ist eine Fähre?" Lilly runzelte die Stirn, denn sie hatte an eine große Autofähre gedacht. Auf dieses Schiffchen hier passten höchstens zehn Personen. Sie stiegen ein und dann zog ein netter älterer Herr das Schiff an auf Rollen gelagerten Seilen gemächlich ans andere Ufer. Zwei Fuhren waren nötig, um alle überzusetzen.
Zur Weilburger Altstadt ging es wiederum bergauf. „Hier gibt es ja nur Berge!", schimpfte Hannes.
„Das stimmt. Wir sind übrigens gerade vom Westerwald in den Taunus gewandert. Die Lahn trennt die beiden Mittelgebirge", erklärte Claudius.

Sie bummelten durch die Altstadt, besichtigten das mächtige *Barockschloss*, aßen Eis im prächtigen *Schlossgarten* und kehrten schließlich zum Zeltplatz zurück. Am Abend gab es Stockbrot und Würstchen, und Claudius konnte mit Karos Hilfe die anderen dazu bewegen, gemeinsam ein paar Lieder zu singen.

Am nächsten Tag nahmen sie vom Bahnhof aus einen Bus zur *Kubacher Kristallhöhle*. Am Eingang der Höhle in einem unscheinbaren Gebäude am Rand der Landstraße löste Theo die Tickets für alle.

Mit Schutzhelmen ausgestattet und begleitet von einem Höhlenführer, stiegen sie siebzig Meter in den Untergrund hinab. Schon bald entdeckten sie die ersten glitzernden Kristalle und Perltropfsteine. Sogar inmitten eines kleinen unterirdischen Sees hatten sich Stalagmiten gebildet. Die einzige Kalzitkristallhöhle Deutschlands, und mit dreißig Metern Höhe zugleich die größte Schauhöhle, stammte aus der Eiszeit, war aber erst 1974 entdeckt worden. Durch ein enges Bohrloch hatten sich mutige Höhlenforscher in die Dunkelheit abseilen lassen, ohne zu wissen, was sie dort erwartete.

Lilly warf einen Blick in das Loch und schüttelte sich. „Das hätte ich mich nicht getraut!"

Der Höhlenführer beruhigte sie. „Es ist ja alles gut gegangen, und wenn die mutigen Leute nicht gewesen wären, könnten wir diese wunderschöne Höhle heute nicht besichtigen", meinte er und wies auf ein paar besonders schöne farbige Kalzitkristalle hin. „Bisher ist übrigens nur ein kleiner Teil des Höhlensystems freigelegt."

„Ich hätte nie gedacht, dass es hier so etwas Wunderschönes zu sehen gibt!“, rief Lilly, als sie wieder im Sonnenlicht standen.

„Das war aber noch nicht alles“, verriet Birte.

Sie wanderten in den Nachbarort Weinbach. „Hier wollen wir uns *Burg Freienfels* ansehen – eine Ruine aus dem 13. Jahrhundert“, sagte Geli.

Auf dem Weg durch das Dörfchen begegneten sie an einem Brunnen einer Gruppe Jugendlicher. Als sie Karo sahen, begannen sie zu tuscheln. Karo zog ihre Kappe tiefer ins Gesicht, denn sie wollte nicht schon wieder Autogramme geben. Nachdem sie die Gruppe passiert hatten, begannen einige der Jugendlichen, auf ihren Handys herumzutippen, was weder Tom noch Karo bemerkten.

Durch ein hölzernes Tor betraten sie die Burg. Im Gegensatz zu vielen anderen Burgen lag sie nicht hoch über der dazugehörigen Ortschaft, sondern auf gleicher Höhe wie das Dörfchen Weinbach.

Zu zwei Seiten des Burggeländes fiel die Landschaft jedoch steil ab. Nachdem sie das Burginnere erkundet und ihr Mittagspicknick verdrückt hatten, machte sich Nikolas an den Aufstieg auf den Bergfried. Er liebte es, von Aussichtspunkten aus Fotos zu machen.

Karo genoss den Ausflug sichtlich. „Ich freue mich so, dass ich hier mit euch einfach mal Ferien machen kann", sagte sie. „Sonst heißt es den ganzen Tag nur ‚Cora, wir müssen die Szene noch mal drehen!', ‚Karo, mach deine Hausaufgaben.' Hier habe ich mal meine Ruhe."

Doch Karos Ruhe sollte nur kurz währen. Vom Bergfried hörten sie Nikolas plötzlich rufen. „Karo, versteck dich! Deine Fans sind im Anmarsch!"

Karo warf einen Blick aus einem Fenster und verstand, was Nikolas meinte. Auf der Straße bewegte sich ein Pulk von etwa zwanzig Jugendlichen rasch auf das Burgtor zu. Die meisten von ihnen trugen T-Shirts und Käppis, auf denen Karos Gesicht zu sehen war, einige sogar Schilder, auf denen stand „Cora, du bist mein Liebling" oder „Cora – Superstar". Sie waren mit Kameras, Handys und Stofftieren bewaffnet und sangen „Pink ist für Prinzessinnen".

„Ach du liebe Zeit!", murmelte Karo überrascht. „Tom!", rief sie dann. „Ich brauch dich, das könnte gleich ein bisschen schwierig werden."

Tom hatte ebenfalls bemerkt, was sich anbahnte, und reagierte prompt. Er schob den großen hölzernen Riegel vor das Burgtor, stellte sich mit vor der Brust verschränkten Armen innen davor und schaute böse.

Ein Mädchen trat vor die anderen und sagte auffordernd zu Tom: „Wir wollen Cora sehen! Wir wissen genau, dass sie hier drin ist! Wir sind vom Cora-Liebling-Fanclub Weilburg. Ich bin die Vorsitzende."

11.

BURGBELAGERUNG AUF FREIENFELS

Tom verzog keine Miene. Karo jedoch trat hinter einer Burgmauer hervor, was die Fans sofort mit lautem Kreischen quittierten.
„Hallo! Ich find's toll, dass es den Fanclub gibt. Aber ich bin hier ganz privat, im Urlaub mit meinen Freunden und hätte gerne mal ein bisschen Zeit für mich. Das müsst ihr verstehen, ja?", rief Karo.
„Aber wir wollen doch nur ein Autogramm!" „Und ein Selfie!" „Bitte Cora!", antworteten die Fans.
Karo seufzte und sah Tom hilfesuchend an. „Ich kümmere mich darum." Er trat zur Seite und telefonierte mit seinem Handy.
Auch die anderen hatten inzwischen bemerkt, was vor sich ging, und versammelten sich am Tor. Theo und Birte versuchten Karos junge Anhänger davon zu überzeugen, freiwillig das Feld zu räumen, doch sie zeigten sich uneinsichtig. Zu groß war der Wunsch, dem Star nahe zu sein.
„Die ich rief, die Geister, werd ich nun nicht los …", murmelte Claudius.
„Goethe hat wirklich zu jeder Lebenslage was geschrieben, oder?", grinste Birte.
Nikolas war eilig vom Turm heruntergestiegen. „Wir hier drinnen und die anderen da draußen, das ist ja wie bei einer mittelalterlichen Burgbelagerung", meinte er.

Claudius begann zu erzählen. „Wer eine Burg erobert hatte, dem gehörte auch das umliegende Land. Manche Burgen hat man tatsächlich durch Belagerungen erobert und die Bewohner ausgehungert oder ihre Wasserzufuhr abgeschnitten. Viele wurden auch im Kampf erobert."

Die Fans wurden zunehmend ungeduldig und warfen Kuscheltiere in Karos Richtung. Wenn sie schon selbst keine Autogramme von ihr bekamen, dann sollte ihr Star wenigstens die mitgebrachten Geschenke bekommen.

„Obacht! Die Belagerer starten einen Angriff!“, rief Claudius scherzhaft.

Karo zog sich vom Burgtor zurück zu den anderen. „Ich weiß meine Fans echt zu schätzen, aber ihr glaubt gar nicht, wie anstrengend das manchmal ist, wenn man nie irgendwo hingehen kann, ohne erkannt zu werden. Die meisten sind ja nett, aber oft ist es trotzdem lästig.“

Tom hatte sein Telefonat beendet. „Karo, die Limousine ist unterwegs und holt dich ab. Petra bringt Pakete für deine Fans mit.“ Lilly erinnerte sich, dass Karo von der Produktionsleiterin Petra gesprochen hatte.

„Die Limousine? Wo soll die denn so schnell herkommen?“

„Petra hat darauf bestanden, dass sie heimlich immer in deiner Nähe ist, falls so etwas passiert wie jetzt.“

Karo war sichtlich verblüfft, aber insgeheim auch erleichtert.

„Ich hätte gar nicht gedacht, dass es so stressig ist, wenn man berühmt ist“, meinte Lilly. Die anderen nickten. Die meisten hatten sich schon einmal ausgemalt, wie es wäre, ein berühmter Star zu sein, durch die Welt zu reisen und von allen bewundert zu werden. Doch allmählich wurde ihnen klar, dass ein solches Leben auch seine Schattenseiten hatte.

„Ich bin froh, dass ich immer machen kann, was ich will“, stellte Nikolas fest.

Birte stimmte zu. „Seid glücklich, dass ihr ganz normal leben könnt."
„Ich möchte nicht mit Karo tauschen", erklärte Lilly. „Ich bin total zufrieden."
„Zum Glück braucht jedem nur sein eigener Zustand zu behagen." Claudius konnte sich ein weiteres Goethe-Zitat nicht verkneifen. Genervtes Stöhnen war die Antwort.
Inzwischen hatte die Limousine die Burg erreicht. Das riesige Gefährt passte kaum durch die engen Gassen Weinbachs. Petra stieg aus und wandte sich an die Fans. Mit ihrem knallroten Kleid machte sie durchaus Eindruck.
„Meine Lieben, danke für euren Support im Fanclub, Cora weiß das sehr zu schätzen. Ich habe euch in ihrem Auftrag etwas mitgebracht." Sie verteilte pinkfarbene Umhängetaschen mit DVDs, Postern, Kulis und Schlüsselanhängern mit Coras Bild darauf. „Lieblingstasche" stand auf den Beuteln.
„Aber nun ist es Zeit, wieder nach Hause zu gehen, husch, husch!" Petra machte energische Handbewegungen. Doch die Fans blieben hartnäckig.
„Ach kommen Sie, wir wollen ein Autogramm und wenigstens ein Foto mit der Limousine. Bitte!", rief die Fanclubvorsitzende.
Petra gab sich geschlagen. „Also gut."
Sie trat vor das Burgtor, holte Karo ans Gitter und drückte ihr Stift und Autogrammkarten in die Hand. Die Fans nannten ihre Namen und Karo schrieb Widmungen auf die Karten. Tom knipste alle mit der Limousine. Danach trollte sich der Fanclub tatsächlich.
Karo atmete auf. Tom öffnete das Tor, und alle traten nach draußen.

Einige Anwohner hatten in der Zwischenzeit bereits kritisch beäugt, was da auf ihrer Burg vor sich ging, die pinke Limousine hatte Aufmerksamkeit erregt.

„Dein Ausflug ist hiermit leider beendet, Karo. Noch so einen Vorfall können wir nicht riskieren, verstehst du?“, sagte Petra.
Karo nickte betreten. Lilly und Finja sahen die Freundin traurig an, gerne hätten sie noch mehr Zeit mit ihr zusammen verbracht.
„Wir bringen dich ins Hotel, und morgen ist der nächste Drehtag in Runkel.“
Lilly horchte auf. Runkel? Das war doch auch ihr Ausflugsziel für den nächsten Tag, sie hatte gehört, wie sich Theo und Geli darüber unterhalten hatten.
Sie flüsterte es Karo ins Ohr, die sofort zu strahlen begann. „Dann sehen wir uns dort auf der Burg, und ihr könnt bei den Dreharbeiten zuschauen“, flüsterte sie zurück.
Zum Abschied knipste Tom noch ein Gruppenbild mit der pinken Limousine im Hintergrund, dann fuhr Karo mit ihrem Team davon, und die anderen traten die Rückfahrt nach Weilburg an. Auf den Zeltplatz zurückgekehrt, machte Claudius den Vorschlag, noch einmal gemeinsam zu singen, aber ohne Karo hatte keiner Lust dazu.

12.

UND WENN SIE NICHT GESTORBEN SIND

Am nächsten Morgen brachen sie früh auf. Bis zum letzten Ort ihrer Tour, Runkel, mussten sie eine längere Kanu-Etappe bewältigen. Die Gruppe wurde immer routinierter im Umgang mit den Paddeln und beim Bedienen der Schleusen. Lilly und Finja teilten sich das Boot zu zweit und vermissten Karo, die Dritte im Bunde.

Nikolas entdeckte als Erster *Burg Runkel*, die hoch über dem Lahnufer auf einem Felsen thronte. Nach der Runkeler Schleuse paddelten sie unter der *alten Lahnbrücke* hindurch, steuerten den Zeltplatz am Lahnufer an, bezogen wiederum Tipis und wanderten nach einer Pause zur Burgruine, einer Höhenburg aus dem Hochmittelalter. Auf dem Weg durch das mittelalterliche Städtchen zur Burg war Lilly

schon ganz hibbelig, weil sie Karo wiedersehen und einen Filmdreh erleben würden. Auch von den anderen hatte bisher keiner so etwas erlebt.

Die Burg, die normalerweise besichtigt werden konnte, war wegen der Dreharbeiten für die Öffentlichkeit geschlossen, doch Karo hatte dafür gesorgt, dass ihre Freunde hineingelassen wurden. Im Burghof hatte sich das Filmteam ausgebreitet, gedreht wurde gerade auf dem Bergfried. Rasch kletterten die Kinder hinauf und kamen gerade rechtzeitig, um eine spannende Szene zu verfolgen.

In ein märchenhaftes Prinzessinnenkleid mit langem Rock und weiten Ärmeln gehüllt, die Locken kunstvoll aufgesteckt, stand Karo vor der Turmmauer und blickte in die Ferne. Neben ihr stand eine junge Frau, die auf einem Lederhandschuh einen Falken trug. Zwei Filmkameras waren auf Karo gerichtet, ein Mann gab Anweisungen, vermutlich der Regisseur des Films.

„Gefiederter Freund, überbringe diese Botschaft meinem Vater", sagte Karo mit dramatischem Unterton. Dann entdeckte sie ihre Freunde und sprang ihnen freudig entgegen, was der Regisseur mit einem genervten Blick quittierte.

„Hi, ihr kommt gerade rechtzeitig. Wir drehen gerade eine spannende Szene. Die Prinzessin – also ich – wurde verschleppt und soll einen fiesen Grafen heiraten. Sie hat einen Falken gezähmt und schickt ihn mit einer Botschaft zu ihrem Vater. Der Falke heißt in Wirklichkeit Basil und gehört Janin. Sie hat ihn bekommen, da war sie erst acht Jahre alt. Sie hat ihn selbst ausgebildet, ist das nicht cool?"

Janin nickte der Jugendgruppe freundlich zu.

„Cora, wir müssen weitermachen!", sagte der Regisseur streng. „Und ihr seid bitte leise."

Dann wurde die Szene gedreht. Mucksmäuschenstill verharrten die Kinder und verfolgten das Geschehen gespannt.

„Klappe, Bergfried Runkel, die fünfte. Action!"

Karo wiederholte ihren Satz, schluchzte dramatisch – das konnte sie gut –, und am Ende ließ Janin, die Falknerin, den Falken in die Lüfte aufsteigen.

„Im Film wird die Szene so wirken, als ob Karo den Falken losgeschickt hat", erklärte der Regisseur. „Das war super, Karo. Janin, dir und Basil vielen Dank! Wir machen Feierabend." Die Kameraleute begannen zu packen. Nikolas sah interessiert zu und fragte: „Ist das Filmen schwer?"

Ein Kameramann antwortete: „Schwer ist vor allem die Kamera, die man ja oft tragen muss. Für das Filmen braucht man einen Blick für einen guten Ausschnitt. Ähnlich wie beim Fotografieren." Er ließ Nikolas einen Blick durch die Kamera werfen.

„Ich würde das zu gerne mal ausprobieren", murmelte Nikolas.

Lilly und die anderen Mädchen bewunderten Karos Kleid.

„Das ist wirklich wunderschön. Wie im Märchen. So ein Kleid würde ich gerne mal tragen."

Plötzlich begannen Karos Augen zu strahlen. „Das kannst du vielleicht auch! Ich habe eine Idee!" Sie wandte sich an den Regisseur. „Klaus? Wir drehen doch morgen die Ballszene auf *Schloss Braunfels*. Dürfen meine Freunde da als Komparsen mitspielen? Bitte! Das wäre so cool!"

Der Regisseur wiegte den Kopf. „Wir haben schon einige erwachsene Statisten, aber ein paar junge Gesichter schaden nicht. Von mir aus."

Karo machte einen Luftsprung. „Jippie!"

Lilly und Finja sahen einander mit aufgerissenen Augen an. „Echt jetzt?"

„Wir dürfen in einem Film mitspielen?", fragte Kirsten ungläubig.

„Au ja!" Die anderen Mädchen waren ebenfalls Feuer und Flamme. Bei den Jungs hielt sich die Begeisterung zuerst in Grenzen, aber

Nikolas malte sich aus, selbst einmal die Kamera bedienen zu dürfen.
„Muss ich auch so ein Kleid anziehen?“, rief Hannes entsetzt.
Der Regisseur schüttelte den Kopf. „Natürlich nicht, wir haben einen riesigen Kostümfundus, da ist für jeden was dabei. Ritter, Knappen, Diener.“ Bei dem Gedanken, ein Ritterkostüm tragen zu können, hellten sich die Mienen der Jungs wieder auf.
„Aber dürfen wir denn überhaupt?“, wandte sich Julian an Theo. Die vier Betreuer hatten sich im Hintergrund bereits eifrig beraten.
„Das ist natürlich ein einmaliges Erlebnis, das möchten wir euch gerne ermöglichen. Unseren Zug könnten wir auf nachmittags umbuchen. Aber wir müssen eure Eltern fragen.“ Theo wandte sich an den Regisseur. „Wäre es in Ordnung, wenn ich Ihnen heute Abend Bescheid gebe?“
Klaus nickte. „Wir brauchen allerdings eine schriftliche Drehgenehmigung für alle Kinder. Ich schicke Ihnen eine Vorlage, eine gescannte PDF-Version mit Unterschrift eines Erziehungsberechtigten per Mail an die Produktionsfirma reicht aus.“
„Ich drücke die Daumen, dass es klappt!“, sagte Karo.
„Das wäre super!“, meinte Lilly.
Sie verließen die Burg mit dem Filmteam und verabschiedeten sich. Zur Abkühlung steuerten sie noch die *Runkeler Badeinsel* an. Dort konnte man direkt neben der Schleuse in der Lahn baden. Am Ufer gegenüber lag eine Eisdiele, die natürlich noch getestet werden musste, bevor sie zurück zum Zeltplatz gingen. Während sie vor den Tipis grillten, telefonierte Theo mit den Eltern, um deren Erlaubnis einzuholen, und schickte allen das Formular zur Unterschrift.

Schließlich machte er das Daumen-hoch-Zeichen. „Eure Eltern sind alle einverstanden, dass ihr beim Dreh mitmacht und wir später kommen. Sie freuen sich darauf, euch im Film zu sehen."

Die Kinder brachen in Jubelgeschrei aus. Lilly und Finja tuschelten noch lange aufgeregt über den morgigen Tag, bevor sie einschliefen. Die Trostbox brauchte Finja nicht mehr.

Am nächsten Morgen schickte das Filmteam einen Bus, der sie zum *Schloss Braunfels* brachte. Waren die Burgen, die sie bisher besichtigt hatten, eher trutzige Verteidigungsanlagen gewesen, konnte man Schloss Braunfels als echtes Märchenschloss bezeichnen. Romantisch und verspielt, mit vielerlei Türmchen und Erkern, lag es eingebettet in das kleine Örtchen Braunfels auf einem Hügel. Fachwerkhäuser schmiegten sich an die Schlossmauer und ein kleiner *Kurpark* vervollständigte das Bild.

Im Schlosshof standen Fahrzeuge mit Filmausrüstung, Kostümen, Requisiten und Verpflegung. Karo drehte bereits wieder, und zahllose kostümierte Darsteller wuselten umher. Zwei Frauen nahmen sich der jungen Statisten an. Alle bekamen mittelalterliche Kleidung, Schuhe und Kopfbedeckungen; den Mädchen kreierte man fantasievolle Frisuren. Obwohl die Jungs nicht begeistert darüber waren, mussten alle in der Maske abgepudert werden, damit die Gesichter nicht glänzten. Lilly, Finja, Mia, Luisa und Meryem ließen sich noch rote Wangen und dunkle Wimpern zaubern. Mit den bodenlangen, farbenfrohen Prinzessinnenkostümen drehten sie Pirouetten. Kirsten und Jo hatten sich für die simple Kleidung einer Magd entschieden und trugen Häubchen mit Spitzenvolants.

Nikolas, Julian, Leo, Hannes und Berat waren zu kleinen Rittern, Knappen und Stallburschen ausstaffiert worden und trugen sogar Schwerter, die jedoch stumpf waren. Theo schoss ein Foto von den stolzen Statisten vor dem Treppenaufgang zum Schloss.

Auf Ansage von Klaus begaben sich alle in den *Rittersaal*. In der Mitte des Saales hing unter dem weißen, kunstvoll verzierten Kreuzgewölbe ein gigantischer Leuchter mit unzähligen brennenden Kerzen. Ausstellungsstücke und Ritterrüstungen hatte man für die Dreharbeiten beiseite geräumt, stattdessen stand in der Mitte des Saales eine reich gedeckte Tafel mit hochlehnigen Stühlen. In einem Erker saßen Musiker in historischen Gewändern und spielten mittelalterliche Musik. Passend gekleidete Tänzer wiegten sich im Rhythmus der Musik. Die meisten Statisten wurden an die Tische gesetzt. Karo saß mit ihrem Filmvater am Kopf des Tisches.

„Wir feiern die Rückkehr der entführten Prinzessin auf das heimische Schloss“, erklärte Klaus und wies die Kinder ein. Einige saßen in einer Fensternische und spielten ein historisches Brettspiel, andere stibitzten Kekse von einer großen Schale. Finja kroch unter dem Tisch hindurch, Leo trug einen großen Wasserkrug, Berat bekam ein Steckenpferd aus der Requisite und Lilly eine historisch aussehende Porzellanpuppe.

Nikolas durfte dem Kameramann, mit dem er gestern gesprochen hatte, bei der Arbeit zusehen und sogar für einen Moment die Kamera bedienen. Er filmte einen Schwenk durch den Saal.

Zunächst wurde gedreht, wie alle auf die Rückkehr der Prinzessin anstießen und ihr Vater eine Rede hielt. Mit großem Getöse öffnete sich mit einem Mal das große Hauptportal, und herein kam hoch zu Ross ein hübscher junger Bursche. Er war es, den die Prinzessin in Wirklichkeit anstelle des fiesen Grafen, der sie entführt hatte, heiraten wollte, und so sollte es auch kommen. Die entsprechende Hochzeitsszene war bereits im *Wetzlarer Dom* gedreht worden. Ganz klassisch endete somit das Filmmärchen und auch der Drehtag auf *Schloss Braunfels.*

Theo trommelte zum Aufbruch. Die zauberhaften Kostüme mussten wieder gegen Jeans und T-Shirt eingetauscht werden. Nach einem schmerzlichen Abschied von Karo – sie versprach, regelmäßig zu schreiben – war es Zeit, zum Bahnhof zu fahren und in den Zug nach Berlin zu steigen.

Mama und Papa schlossen Lilly und Nikolas fest in die Arme, als die Kinder zu Hause ankamen. Sofort sprudelten die Erlebnisse der letzten

Tage aus den beiden heraus. Auch Finjas Eltern waren gekommen und ließen sich von ihrer Tochter berichten, was sie erlebt hatte. Am meisten freute sie, dass Finja in Lilly eine neue Freundin gefunden hatte.

Lilly berichtete, dass sie Finja die Zettelbox geschenkt hatte. „Weißt du, Mama, Finja war am Anfang so traurig, weil ihre Eltern sich nicht gemeldet haben und weil ein paar der Mädchen gemein zu ihr waren. Sie hat sie einfach dringender gebraucht als ich", erzählte Lilly.

Mama gab ihrer Tochter einen Kuss auf die Haare. „Das war sehr nett von dir, meine Süße."

Am nächsten Tag sortierte Nikolas am Computer seine Fotos, um sie den Eltern zu zeigen. Lilly half ihm, die schönsten auszusuchen, und schwelgte in Erinnerungen.

„Das war eine tolle Reise!"

Ihr Bruder war der selben Meinung. „Stimmt, an der Lahn gibt es total viel zu erleben."

Nikolas hatte gerade das Gruppenfoto herausgesucht, auf dem alle in Kostümen vor *Schloss Braunfels* zu sehen waren.

„Und wir spielen sogar in einem Fernsehfilm mit. Wahnsinn, oder? Ich bin voll gespannt darauf!"

Nikolas und Lilly waren sich einig: „Das waren wirklich filmreife Ferien!"

– Ende –

MARBURG

Altstadt Marburg – Touristinfo

Erwin-Piscator-Haus · Biegenstraße 15 · 35037 Marburg
06421/9912-0 · www.marburg.de

Grimm-Dich-Pfad

www.marburg-tourismus.de/portal/seiten/
grimm-dich-pfad-900000294-1000000.html

Elisabeth-Kirche

Elisabethstraße 3 · 35037 Marburg
06421/65573 (Küsterstube) · www.elisabethkirche.de

Landgrafenschloss

Schloss 1 · 35037 Marburg · 06421/99120
www.marburg.de/portal/seiten/landgrafenschloss-900000041-23001.html

Camera Obscura

Standort Schlossterrasse Landgrafenschloss
Schloss 1 · 35037 Marburg
www.uni-marburg.de/fb13/forschungsgruppen/lehrerbildung-didaktik/
camera-obscura

GIESSEN

Lahnfenster

Bootshausstraße 8 · 35390 Gießen · 0641/3035565
www.rp-giessen.hessen.de/umwelt-natur/lahnfenster-hessen

Stadtkirchenturm
Kirchenplatz · 35390 Gießen
www.giessen-entdecken.de/locations/stadtkirchenturm
Schlüssel zum Turmaufstieg erhältlich im Wallenfels'schen Haus am Kirchenplatz 6

Mathematikum
Liebigstraße 8 · 35390 Gießen
0641/13091-0 · www.mathematikum.de

Badenburg (Burgruine, Restaurant und Biergarten)
Inselweg 122 · 35396 Gießen
06406/3912 · www.badenburg.de

WETTENBERG

Burg Gleiberg
Burgstraße 90 · 35435 Wettenberg · www.burg-gleiberg.de

WETZLAR

Altstadt Wetzlar – Tourist Info
Domplatz 8 · 35578 Wetzlar
06441/997750 · www.wetzlar.de/tourismus/service-und-informationen/ansprechpartner.php

Burgruine Kalsmunt
Burgweg 3–5 (Parkplatz, ab da zu Fuß) · 35578 Wetzlar
www.foerderverein-kalsmunt.de/der-kalsmunt

Wetzlarer Dom
Domplatz · 35578 Wetzlar
www.wetzlar.de/tourismus/der-dom-in-wetzlar.php

Lottehaus
Lottestraße 8–10 · 35578 Wetzlar · 06441/994140
www.wetzlar.de/kultur/museen/lottehaus.php

Viseum
Lottestraße 8–10 · 35578 Wetzlar
06441/994140 · www.viseum-wetzlar.de

Dunkelkaufhaus
Karl-Kellner-Ring 48–50 · 35576 Wetzlar
06441/2091529 · www.dunkelkaufhaus.de

Optik-Parcours
(zwischen Bahnhof und Altstadt, rund um die Uhr frei zugänglich)
www.wetzlar.de/tourismus/entdecken-und-erleben/sehenswertes-in-wetzlar/optik-erleben/optikparcours.php

Phantastische Bibliothek
Turmstraße 20 · 35578 Wetzlar
06441/40010 · www.phantastik.eu

SOLMS

Volkssternwarte Mittelhessen
Zufahrt über Beethovenstraße · 35606 Solms/Burgsolms
06442/1039 · www.sternwarte-burgsolms.de

Kloster Altenberg
Altenberg 1 · 35606 Solms/Oberbiel
06441/206 123 · www.klosterkirche-altenberg.de/startseite

Besucherbergwerk Grube Fortuna
Geowelt Fortuna e. V. · Grube Fortuna 1 · 35606 Solms-Oberbiel
06443/8246-0 · www.grube-fortuna.de

GREIFENSTEIN

Outdoor-Zentrum Lahntal
Märchenpark 1 · 35753 Greifenstein Allendorf
06473/412555 · www.outdoor-zentrum-lahntal.de

Skulpturenpark Siegfried Fietz
Verlängerung der Straße Lenzwies · 35753 Greifenstein-Allendorf
www.skulpturenpark.info

Fledermaushaus Allendorf
Ulmer Straße 16 · 35753 Greifenstein-Allendorf
06478-2288 oder 06442 8906
www.hgon.de/unsere-arbeit/artenschutz/fledermaeuse/fledermaushaus-greifenstein-allendorf

Glockenwelt Burg Greifenstein
Talstraße 19 · 35753 Greifenstein
06449/64 60 · www.burg-greifenstein.net

WEILBURG

Tourist Information
Marktplatz 9 · 35619 Braunfels · Tel.: 06442 934411
www.braunfels-erleben.de/informieren-planen/tourist-information

Weilburger Schloss und Schlossgarten
Schlossplatz 3 · 35781 Weilburg/Lahn
06471/91270 · www.schloesser-hessen.de/weilburg.html

Schiffstunnel
Zwischen Ahäuser Weg und Weilstraße · 35781 Weilburg
www.weilburg.de/de/sehenswuerdigkeiten/schiffstunnel.html

Rollschiff
Im Bangert · 35781 Weilburg
06471/274875 · www.weilburg.de/de/weilburg-aktiv/rollschiff.html

Kristallhöhle Kubach
Auf dem Kalk 1 · 35781 Weilburg - Kubach
06471/94000 · www.kubacherkristallhoehle.de

WEINBACH

Burg Freienfels
Burgstraße · 35796 Weinbach/Freienfels
www.freienfelser-ritterspiele.de/die-burg-freienfels

RUNKEL

Burg Runkel
Schloßplatz 2 · 65594 Runkel · 06482/941472 · www.burg-runkel.de

BRAUNFELS

Schloß Braunfels
Schloss 1 · 35619 Braunfels · Parkplatz: In den Anlagen 4, 35619 Braunfels
06442/5002 · www.schloss-braunfels.de

Tourist Information
Marktplatz 9 · 35619 Braunfels · Tel.: 06442 934411
www.braunfels-erleben.de/informieren-planen/tourist-information

Außerdem bei Biber & Butzemann

Nicole Grom / Steffi Bieber-Geske
ABENTEUER IM LAND DER WIKINGER
LILLY UND NIKOLAS UNTERWEGS ZWISCHEN SCHLESWIG, KIEL UND FLENSBURG
Mit Illustrationen von Sabrina Pohle
Biber & Butzemann

ABENTEUER AN DER LÜBECKER BUCHT
Kerstin Groeper/ Steffi Bieber-Geske
Lilly, Nikolas und die Ostseeindianer
RETTUNG FÜR DIE FLEDERMÄUSE
illustriert von Vivien Schmidt
Biber & Butzemann

NEUE ABENTEUER AUF RÜGEN
LILLY, NIKOLAS UND DAS KRANICHEI
Steffi Bieber-Geske
Biber & Butzemann

Steffi Bieber-Geske / Kerstin Groeper
ABENTEUER AUF FISCHLAND-DARß-ZINGST
LILLY, NIKOLAS UND DIE SEENOTRETTER
Biber & Butzemann

ABENTEUER AN DER MÜRITZ
BETRETEN VERBOTEN
Lilly, Nikolas und die verbotene Insel
Kerstin Groeper
Biber & Butzemann

SANDRA LEHMANN
MATTI UND MAX
ABENTEUER AUF KRETA
Biber & Butzemann

SANDRA LEHMANN
MATTI UND MAX
ABENTEUER IN NEW YORK
Biber & Butzemann

SANDRA LEHMANN
MATTI UND MAX
ABENTEUER IN BERLIN
Biber & Butzemann

SANDRA LEHMANN
MATTI UND MAX
ABENTEUER IN PARIS
Biber & Butzemann

Steffi Bieber-Geske
Schatzsuche in Berlin und Brandenburg
Illustrationen von Sabrina Pohle
Lilly, Nikolas und das Geheimnis des Weltreisenden
Biber & Butzemann

Steffi Bieber-Geske / Nicole Grom
Abenteuer im Spreewald
Lilly, Nikolas und das geheimnisvolle Tagebuch
Biber & Butzemann

Abenteuer rund um Dresden und das Elbsandsteingebirge
Biber & Butzemann

Abenteuer zwischen Kyffhäuser und Westharz
Lilly und Nikolas auf den Spuren der ersten deutschen Herrscher
Jörg F. Nowack
Mit Illustrationen von Sabrina Pohle
Biber & Butzemann

Abenteuer in der Lüneburger Heide
Lilly, Nikolas und die wilden Tiere
Steffi Bieber-Geske
Mit Illustrationen von Sabrina Pohle
Biber & Butzemann

Abenteuer in Köln und auf dem Drachenfels
Ira Lenz
Biber & Butzemann

Miriam Schaps
Abenteuer im Ruhrgebiet
Lilly, Nikolas und das Bergmanns-Tagebuch
Biber & Butzemann

Abenteuer am Teutoburger Wald
Lilly und Nikolas auf der Suche nach den verflixten Wörtern
Miriam Schaps
Illustrationen von Sabrina Pohle
Biber & Butzemann

Abenteuer zwischen Nordeifel und Aachen
Miriam Schaps
Biber & Butzemann

Anja Tettenborn
Das kleine Gespenst
Vincent entdeckt
die Rhön
Biber & Butzemann

Abenteuer in der
Vulkaneifel
Lilly, Nikolas und das
verschwundene Manuskript
Miriam Schaps
Biber & Butzemann

Abenteuer auf der
Schwäbischen Alb
Lilly, Nikolas und das Geheimnis
der Schnupftabakdose
Ira Lenz
Biber & Butzemann

Abenteuer im
Schwarzwald
Lilly, Nikolas und
das Geheimnis der Zwerge
Steffi Bieber-Geske
Michaela Frech
Biber & Butzemann

Abenteuer zwischen
Bamberg
und Würzburg
Lilly und Nikolas als
Pedalritter auf
dem Main-Radweg
Elisabeth Schieferdecker
Michaela Frech
Biber & Butzemann

Alexandra Benke
Geheimnisse rund um
das Märchenschloss
Ein Bauernhof-Abenteuer im Allgäu
Biber & Butzemann

Alexandra Benke
Geheimnis um den
roten Kater
Ein München-Abenteuer
Biber & Butzemann

Alexandra Benke
Geheimnis um
die Rauhnächte
Ein Jahr voller Abenteuer in Oberbayern
Biber & Butzemann

Alexandra Benke
Geheimnis um
die Wildtiere
Abenteuer zwischen Tegernsee und Chiemsee
Biber & Butzemann

Die Autorin

Andrea Nesseldreher, geboren 1973 in Mittelhessen, war schon immer eine Leseratte. Sie studierte Rechts- und Verwaltungswissenschaften und arbeitete als Forschungsreferentin und Studienkoordinatorin an den Universitäten Gießen und Speyer.
Während der Familienpause entdeckte sie das Schreiben von Geschichten wieder, das seit der Jugendzeit brach gelegen hatte. In den vergangenen Jahren hat sie mehrere Kinderbücher veröffentlicht.
Neben dem Schreiben ist sie freiberuflich als Stadtführerin für Kinder und Erwachsene mit und ohne Kostüm tätig. In ihrer Freizeit spielt sie Theater und singt. Mit den beiden Söhnen und ihrem Ehemann lebt sie in einem kunterbunten Haus in einer mittelhessischen Kleinstadt und verbringt die Ferien am liebsten am Meer.

Die Illustratorin

Corinna Jegelka wurde in Castrop-Rauxel geboren und ist in Dortmund und Edewecht (bei Oldenburg) aufgewachsen. In Dortmund studierte sie zuerst Kunst und Philosophie auf Lehramt und machte den Bachelorabschluss. Ihr Wunsch, noch etwas Kreativeres zu lernen, führte sie nach Aachen, wo sie auch nach ihrem Abschluss als Kommunikationsdesignerin heute noch mit ihrem Sohn und ihrem Mann lebt. Schon immer war das Zeichnen und Malen ihre größte Leidenschaft, ihr Ruhepol und gleichzeitig ein unendlich weites Feld voller Dinge, die sie noch lernen möchte. Wenn Corinna an einem Illustrationsauftrag arbeitet, entspannt sie sich in ihrer freien Zeit beim Zeichnen.
www.corinnajegelka.de

Pink ist für Prinzessinnen (aber nicht für mich)

Text und Musik Andrea Nesseldreher

VERSE 1

C
Meine Mama sagt:
C
Wie siehst Du denn aus
G
Zieh Dich schleunigst um
G
So gehst Du nicht raus
C
Ich hab heut Lust auf Ringelsocken
am
Was ist daran schlimm?
F
Mir ist wurscht was andere denken
C G
Ich bin halt wie ich bin

C
Meine Schwester nervt:
C
Das kannst Du nicht tragen
G
Scheußliche Farbe
G
Und dieser spitze Kragen
C
Ich liebe meinen schwarzen Mantel
am
Vom Hals bis zu den Knien
F
Ich finde, schwarz geht immer
C G
Nicht nur an Halloween

CHORUS

C
Pink ist für Prinzessinnen
C
Aber nicht für mich
G
Bunt ist meine Lieblingsfarbe
G
Ich bleib einfach ich

C
Pink ist für Prinzessinnen
F
Doch ich will keine sein
G
Und was ich anziehe
G C
Entscheide ich allein

VERSE 2

C
Papa ruft mir zu
C
Was soll das denn sein?
G
Dieser kurze Rock
G
Der ist Dir viel zu klein!
C
Was soll das denn heißen?
am
Das ist ein Minirock!